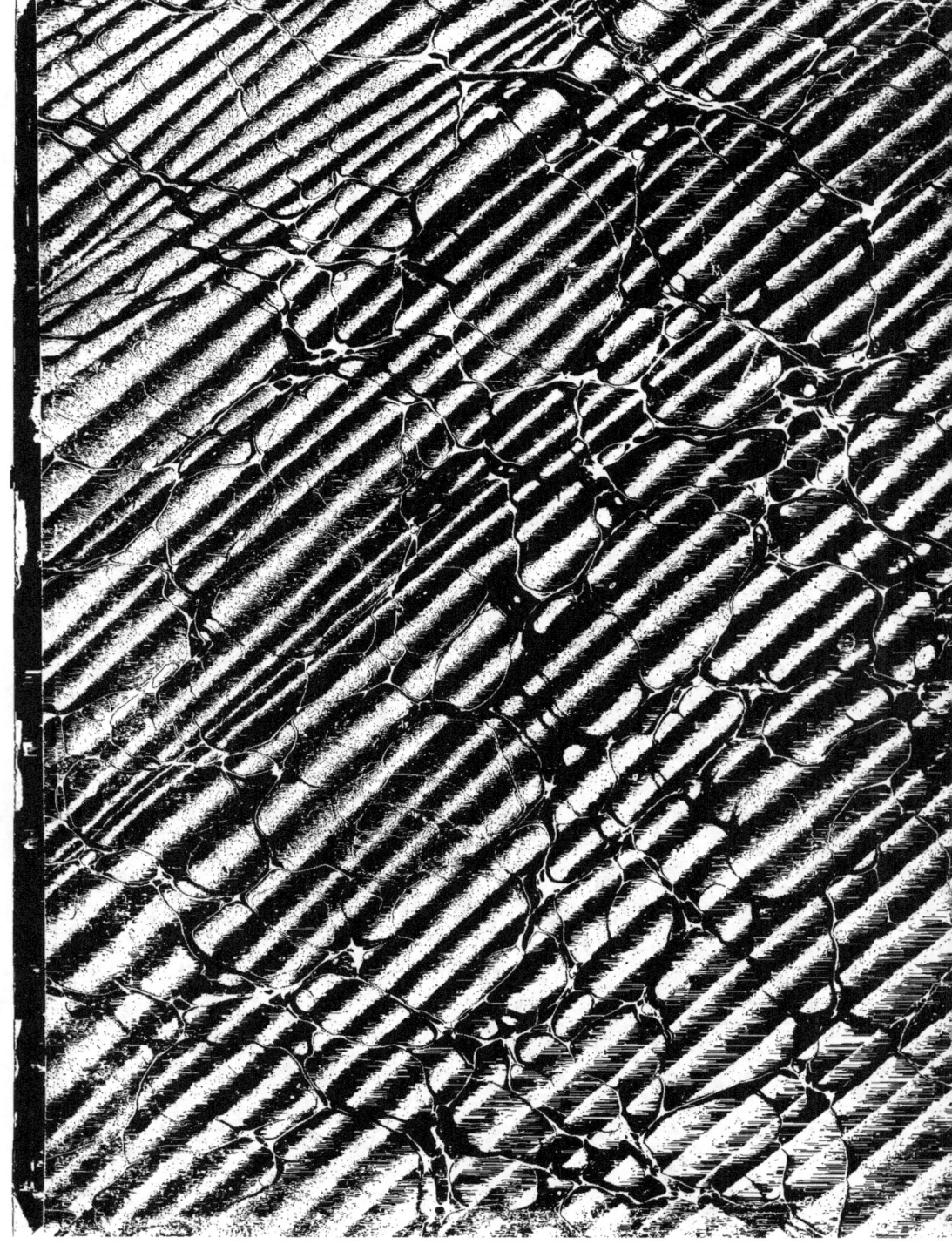

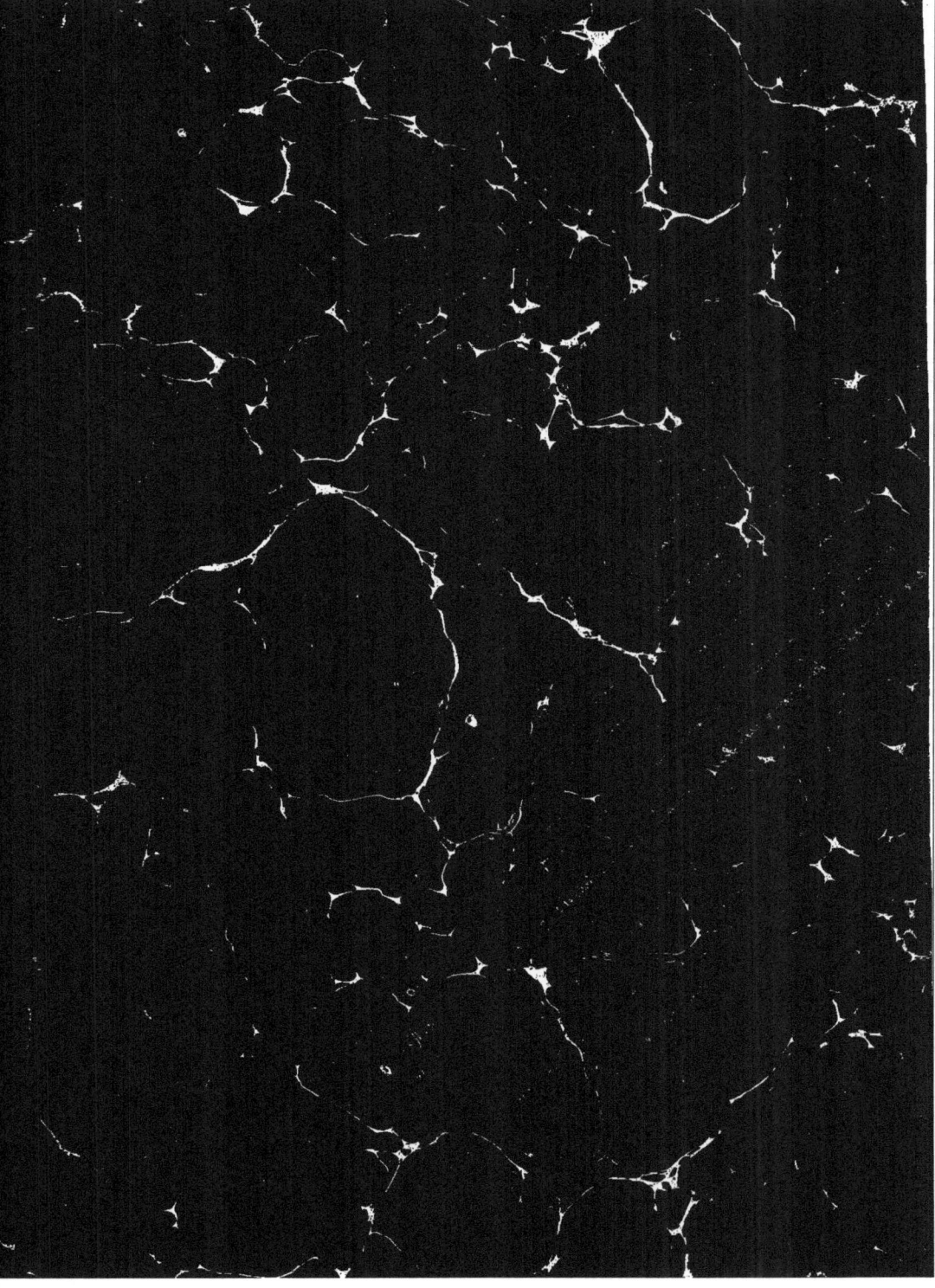

V

P 316
3.B.2.

©

VIES ET OEUVRES

DES

PEINTRES LES PLUS CELÈBRES.

VIES ET OEUVRES

DES

PEINTRES LES PLUS CÉLÈBRES

DE TOUTES LES ÉCOLES;

RECUEIL CLASSIQUE,

CONTENANT

L'ŒUVRE complète des Peintres du premier rang, et leurs Portraits; les principales Productions des Artistes de 2e et 3e classes; un Abrégé de la Vie des Peintres Grecs, et un choix des plus belles Peintures antiques;

REDUIT ET GRAVÉ AU TRAIT,

D'APRÈS les Estampes de la Bibliothèque nationale et des plus riches Collections particulières;

PUBLIÉ PAR C. P. LANDON, Peintre, ancien Pensionnaire du Gouvernement à l'Ecole Française des Beaux-Arts à Rome, Membre de plusieurs Sociétés Littéraires, Éditeur des Annales du Musée.

A PARIS,

Chez C. P. LANDON, rue de l'Université, N° 19, vis-à-vis la rue de Beaune.

IMPRIMERIE DE CHAIGNIEAU AÎNÉ.

1809.

OEUVRE
DE
MICHEL-ANGE.

AVIS DE L'ÉDITEUR.

Nous avons annoncé dans le Prospectus de cet Ouvrage, que chaque volume serait composé de 72 planches, dont quelques-unes, doubles, seraient comptées pour deux, selon l'usage. Le nombre prescrit se trouve complété dans ce volume par 42 planches simples, 11 planches doubles, (les 10 pendentifs de la chapelle Sixtine et une Bacchanale), et une planche octuple (la voûte de la chapelle Sixtine.)

Mais afin que les Souscripteurs ne perdent pas de vue ce qui distingue les planches doubles, puisqu'elles sont sans pli, nous croyons nécessaire de leur rappeler, comme nous l'avons fait dans les volumes précédens, que l'ouvrage avait d'abord été conçu et annoncé dans un plus petit format in-4°, où les planches doubles eussent été pliées; mais que depuis, pour éviter cet inconvénient, nous nous sommes décidés à faire paraître ce recueil (sans néanmoins en augmenter le prix) sous un plus grand format. Ce changement ajoute aux frais de l'Editeur; mais comme il devait contribuer à l'agrément de l'Ouvrage, nous n'avons pas hésité à l'adopter. Au surplus, les planches doubles seraient faciles à distinguer par leurs dimensions et l'importance du sujet, quand même nous n'aurions pas pris la précaution de les désigner nominativement en tête de chaque livraison.

Nota. MM. les Souscripteurs recevront le Portrait, la Vie et la Table générale de l'Œuvre de Michel-Ange en même temps que le second et dernier Volume de l'Œuvre de ce Maître.

OEUVRE

DE

MICHEL-ANGE.

ÉCOLE FLORENTINE.

VIE

ET OEUVRE COMPLÈTE

DE

MICHEL-ANGE BUONAROTTI.

Les Notices sur MICHEL-ANGE, BACCIO-BANDINELLI et DANIEL DE VOLTERRE, ont été rédigées par M. DURDENT.

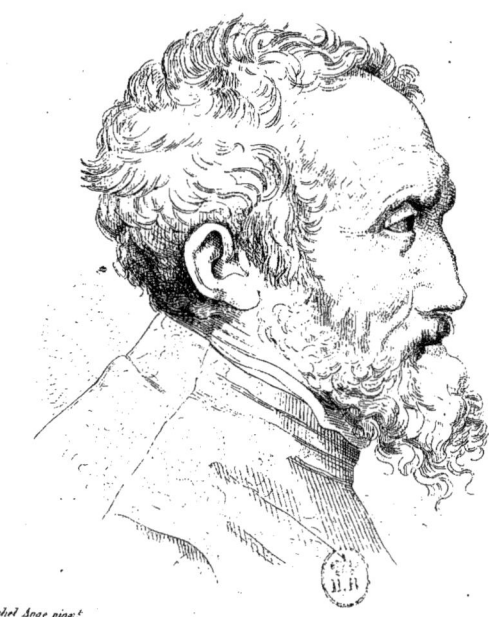

Michel Ange.

VIE

DE

MICHEL-ANGE BUONAROTTI.

~~~~~~~~~~~~~~~~~

« . . . . *Quel che a par sculpe e colora,*
« *Michel, più che mortal Angel divino.*

« Celui qui sculpte et peint avec une égale supériorité,
« Michel plus Ange divin que simple mortel.

ARIOSTE, *Roland furieux*, Chant 23.

S'IL est vrai qu'un des signes caractéristiques du génie soit de s'ouvrir une route où l'on ne puisse facilement le suivre; si, dédaignant de s'asservir à plusieurs règles, qui ne lui semblent propres qu'à contraindre ses élans, il cherche avant tout à frapper l'imagination; si ses fautes mêmes ont toujours quelque chose d'imposant; de sorte qu'il faille l'admirer encore, lors même qu'on est le plus fondé à le critiquer, nul artiste n'a jamais mieux mérité que Michel-Ange la qualification d'homme de génie.

Un avantage qui lui est particulier, c'est qu'il a laissé des monumens de son goût fier et terrible dans chacun des trois grands arts qui ont le dessin pour base. Ce n'est pas à dire que d'autres artistes n'aient été tout à la fois comme lui, peintres, sculpteurs et architectes. Il est au contraire certain qu'à l'époque où il vécut et dans la terre fortunée qu'il habita, plusieurs hommes laborieux et heureusement organisés, méritèrent, par cette variété de connaissances et de talens, l'admiration de leur siècle et de la postérité ; mais, le plus souvent, supérieurs dans un seul art, ils n'ont pu être placés dans les autres au rang des maîtres célèbres. Le seul Michel-Ange a la gloire d'avoir été grand dans chacun des trois arts, en créant des productions, telles que *les peintures de la chapelle Sixtine, la statue de Moyse*, et *la basilique de Saint-Pierre de Rome.*

Michel-Ange Buonarotti naquit, en 1474, de Louis Buonarotti Simoni, dans le chateau de Chiusi, près d'Arezzo, en Toscane. Ses parens étaient de l'ancienne maison des comtes de Canosse. Ils lui donnèrent pour nourrice une femme du village de Settiniano, dont le mari, ainsi que la plupart de ses voisins, exerçait la sculpture, sans doute d'une manière assez grossière. C'en fut assez, cependant, pour que les idées de Michel-Ange se tournassent vers cet art, dès qu'il commença de pouvoir sentir et penser. Il rappela même plus d'une fois dans la suite, avec une sorte de plaisir « qu'avec le lait il avait comme sucé le goût de cet art. »

Ainsi qu'on l'a observé de la plupart de ceux qui se sont illustrés dans les arts, les sciences ou les lettres, Michel-

Ange, dont le penchant pour le dessin se manifesta dès ses plus jeunes années, eut à combattre la résistance de ses parens. Ils n'étaient pas opulens, mais ils tenaient beaucoup à leur noblesse; et, livrés à un préjugé long-temps trop répandu, ils pensaient que, si leur fils cultivait les arts, le lustre de leur maison pourrait en être terni. Ils étaient loin de se douter qu'il serait à jamais, par sa supériorité dans ces mêmes arts, l'honneur et l'orgueil de leur famille, et qu'à cause de lui seulement, l'histoire conserverait d'eux quelque léger souvenir.

Cette opposition, et, à ce que l'on assure, des traitemens assez rudes qui en furent la conséquence, ne firent qu'accroître l'ardeur du jeune artiste, rempli d'enthousiasme et animé par le sentiment de ses forces. Enfin, ses progrès, aussi rapides qu'incontestables, changèrent les dispositions de sa famille. On ne songea plus, comme on en avait eu l'intention, à le destiner aux sciences, et on lui permit de suivre un penchant irrésistible.

Dominique Ghirlandaïo jouissait d'une certaine réputation parmi les peintres florentins. Son élève, François Granacci, prêta d'abord à Michel-Ange quelques dessins de cet artiste, qui, peu de temps après, le reçut dans son école. Le maître ne tarda pas à se voir surpasser par son jeune disciple, et aujourd'hui sa plus grande gloire est de lui avoir donné quelques leçons.

Dès-lors, Michel-Ange eut occasion de connaître cette triste vérité : que l'envie accompagne toujours les talens supérieurs. Ses camarades furent jaloux du développement de son génie, et l'un d'eux, nommé Torrigiano, poussa un jour l'emportement jusqu'à lui asséner sur le visage un coup de poing d'une telle violence, qu'il lui fracassa le nez. Michel-Ange, comme ses portraits en fournissent la preuve, porta toute sa vie les marques de cette brutalité (1).

Michel-Ange n'avait que quinze ans, lorsque, se promenant dans le jardin de Laurent de Médicis, il fut frappé de la vue d'une tête, représentant un vieux faune. Quoique ce morceau de sculpture antique fût très-mutilé, il résolut de le copier en marbre, en suppléant ce qui pouvait y manquer. Il y réussit tellement que Laurent le reçut dès ce moment dans son palais. Persuadé que les égards et les distinctions sont ce que les véritables artistes prisent le plus, il le fit manger à sa table avec ses propres enfans et les savans qu'il y admettait. Il étendit même ses bienfaits jusques sur Louis Buonarotti, qui dut se féliciter plus que jamais d'avoir cédé aux desirs de son fils pour le choix d'un état.

(1) Torrigiano passa dans la suite en Espagne, où ses talens lui procurèrent des travaux et de la considération ; mais son caractère emporté fut cause qu'il mourut d'une manière misérable. Un seigneur pour lequel il avait exécuté en marbre *une Vierge tenant l'Enfant Jésus*, lui en donna un prix très-inférieur à la valeur réelle de l'ouvrage. Alors le bouillant artiste mit sa statue en morceaux. Dénoncé à l'inquisition, il fut jeté dans un cachot ; où il mourut désespéré, redoutant sans cesse la question et les flammes dont on l'avait menacé, et auxquelles probablement ses talens ne l'auraient pu soustraire. Des enthousiastes de Michel-Ange purent regarder cette mort funeste comme la punition de l'outrage qu'il avait reçu du malheureux Torrigiano.

Selon quelques auteurs, lorsque Ghirlandaïo fut obligé de reconnaître que son jeune élève ne pouvait manquer d'être plus grand peintre que lui, il lui conseilla de s'adonner à la sculpture. Ce fait peut être vrai, mais il n'est pas moins certain que Michel-Ange eut toute sa vie, pour cet art, une prédilection particulière. Il fut, pour ainsi dire, peintre et architecte par occasion, et par la force de son génie, mais sculpteur par goût; comme on aura lieu de s'en convaincre par plusieurs particularités de sa vie.

La société choisie et respectable dans laquelle il se vit admis, au palais des Médicis, développa en lui le goût de la littérature, si naturel aux artistes nés pour la gloire, et dont ils peuvent retirer de si grands avantages; mais penchant et son caractère se manifestant ici comme en toute autre circonstance, le poète qu'il affecta le plus fut ce Dante, génie souvent bizarre, quelquefois sublime et toujours fait pour étonner; génie, en un mot, qui a les rapports les plus frappans avec Michel-Ange lui-même.

Les lettres ne détournaient point de l'étude de sa profession cet artiste, l'un des plus laborieux qui jamais aient existé. Il copiait l'antique et Masaccio, peintre étonnant pour l'époque où il vécut, et qui a mérité l'honneur insigne d'être regardé comme un excellent guide, par les deux plus grands maîtres, Michel-Ange et Raphaël. Enfin, il s'adonna sur-tout à l'étude qui devait le plus contribuer à sa gloire, celle de l'anatomie. On assure qu'il y consacra douze années, malgré la répugnance que font toujours naître ces sortes de travaux, et l'altération que sa santé en éprouva plus d'une fois. Fort de connaissances acquises par tant de peines, il s'était proposé de consigner dans un traité le résultat de ses observations dans cette partie importante de l'art; et l'on ne peut trop regretter qu'il n'ait pas mis ce dessein à exécution.

Une lutte s'engagea entre Michel-Ange, très-jeune encore, et Léonard de Vinci, regardé depuis long-temps comme le chef de l'école florentine, et même comme le premier des artistes alors vivans. Tous deux, à la demande du sénat de Florence, entreprirent de peindre à fresque la grande salle du palais où s'assemblait ce premier corps de l'état. Ils firent, en conséquence, selon l'usage, des *cartons*, d'après lesquels leurs fresques devaient être exécutées. Michel-Ange ayant à représenter un évènement de la guerre des Florentins contre les Pisans, tira le plus heureux parti d'une circonstance qui lui permettait de faire paraître toute sa science dans le dessin du nu. Comme l'action avait eu lieu sur les bords de l'Arno, tandis qu'un certain nombre de Florentins s'y baignaient, il représenta des guerriers sortant à la hâte du fleuve, et courant reprendre leurs vêtemens et leurs armes. Il faudrait contredire l'opinion de tous les contemporains, si l'on voulait ne pas croire que Michel-Ange ne fût jamais dessinateur plus énergique et plus savant que dans cette magnifique composition. Elle devint l'objet d'une étude assidue, et Vasari n'hésite pas à dire « que tous ceux qui l'étudièrent devinrent d'excellens « artistes ». Cette assertion d'un élève passionné pour la gloire de son maître, est, du moins à l'égard de Raphaël, l'expression simple de la vérité; et l'on ne sait qui l'on doit ici admirer le plus de l'un ou l'autre de ces deux illustres rivaux. Michel-Ange fut alors pour Raphaël un modèle excellent qui lui apprit à agrandir sa manière sans rien perdre des grâces qui déjà le caractérisaient, et ce ne fut pas la seule fois qu'il lui rendit un si éminent service; mais, comme on l'a très-bien observé, pour profiter ainsi des travaux de Michel-Ange, il fallait être Raphaël.

Ce carton de Michel-Ange n'existe plus. On accusa Baccio Bandinelli de l'avoir mis en morceaux, soit pour que d'autres que lui ne profitassent plus de cette production d'un homme de génie, dont il osait se croire le rival, soit, ainsi qu'on l'a dit, dans l'intention de soustraire aux yeux du public une composition à laquelle celle de Léonard de Vinci ne pouvait être comparée. On reviendra dans la vie de Baccio Bandinelli sur cette inculpation. Par malheur, ce n'est pas le seul trait de cette espèce qu'offre l'histoire des artistes.

La mort de Laurent de Médicis priva Michel-Ange d'un protecteur éclairé; mais Pierre, fils aîné de cet homme illustre, sut également l'apprécier. Toutefois Michel-Ange ne jouit pas long-temps dans sa patrie de la tranquillité si nécessaire à ceux qui cultivent les arts. Il fut contraint, par les dissensions intestines qui agitèrent Florence, de quitter non-seulement cette ville où il avait fondé, sous les auspices de Laurent, une académie de peinture et de sculpture, mais encore le territoire de la Toscane.

Par suite de troubles civils, dont les détails sont étrangers à cette notice, les Médicis furent chassés de la ville où leur crédit, leurs richesses, et peut-être aussi leurs bienfaits avaient soulevé contre eux des ennemis nombreux et puissans. Michel-Ange, mettant en pratique les préceptes de plusieurs sages de l'antiquité, alla exercer ses talens dans des lieux où ne grondaient point les orages populaires. Il se rendit à Bologne, et y fit quelques statues; mais là encore, l'envie l'attendait pour le persécuter. A peine âgé de vingt-un ans, il éclipsait déjà tous ses rivaux. Enfin, la frénésie des Florentins s'étant un peu calmée, il revint dans leur ville.

Ce fut alors qu'il sculpta ce *Cupidon endormi*, dont l'histoire a été dénaturée dans plusieurs récits. La voici telle que l'a rapportée Condivi, écrivain exact et qui fut tout à-la-fois le biographe et l'élève de Michel-Ange.

Admirateur sincère des chefs-d'œuvre de la sculpture antique, dont personne mieux que lui ne pouvait apprécier les beautés, ce grand artiste n'en était pas moins persuadé que la plupart de ceux qui se disent connaisseurs, sont accoutumés à n'écouter que leurs préjugés. Il résolut de mettre leur sagacité à l'épreuve, et envoya son *Cupidon* à Rome, où Raphaël Riario, cardinal de Saint-Georges, l'acheta comme antique. Mais à peine ce prélat eut-il été informé que cette statue était d'un artiste florentin, qu'elle perdit tout son prix à ses yeux. Voulant toutefois savoir à quoi s'en tenir, il envoya un gentilhomme de sa maison vers Michel-Ange. Cet émissaire pressa l'artiste de lui donner des preuves de sa capacité, en l'assurant que, si elles étaient trouvées suffisantes, il l'emmènerait à Rome, où l'on desirait fixer un sculpteur habile. Michel-Ange aussitôt prit une plume et dessina une main devenue justement fameuse. « Si ceux qui vous envoient, dit-il, se connaissent « aux arts, ceci doit leur suffire ». Cette main est, en effet, ce que les anciens appelaient *l'Ongle du Lion* ; et l'on peut, sans exagérer, dire que le style de Michel-Ange s'y fait sentir, à des yeux exercés, dans toute sa fierté (1). Le Cardinal n'en jugea pas ainsi. Michel-Ange était venu à Rome à-peu-près sur son invitation. Il dédaigna d'employer ses talens, et même il revendit le *Cupidon*. Ces disgrâces passagères des artistes célèbres ne sont pas ce que leur histoire offre de moins utile à méditer, sur-tout à ceux qui s'efforcent de marcher sur leurs traces.

Michel-Ange fit ensuite une statue de *Bacchus*, accompagné *d'un jeune Satyre*. Souvent elle a été vantée par des écrivains qui songaient plus sans doute à la renommée de l'artiste, qu'à l'ouvrage lui-même ; mais le temps qui met chaque chose à sa véritable place, permet que l'on y voie aujourd'hui une production assez défectueuse, éloignée

---

(1) Après avoir été précieusement conservée dans les portefeuilles de plusieurs amateurs, cette main fait aujourd'hui partie de la collection des dessins du Musée Napoléon.

du caractère de la divinité mythologique dont il fallait représenter les formes gracieuses; c'est, en mot, l'erreur d'un homme de génie, qui ne se fait guères reconnaître qu'à la hardiesse de son exécution.

Mais que Michel-Ange répara bien cette erreur, quand il sculpta, pour l'une des chapelles de Saint-Pierre, *la Vierge* dite *Notre-Dame de Pitié, tenant son fils mort sur ses genoux!* Un sculpteur qui montrait cet admirable groupe à des étrangers, eut l'effronterie de s'en déclarer l'auteur, pensant peut-être qu'un artiste étranger, âgé seulement de vingt-cinq ans, pouvait être impunément dépouillé de sa gloire. On sait comment Virgile couvrit de confusion le plagiaire qui lui avait voulu voler un distique. Michel-Ange, au lieu de proposer au sien une espèce de défi dans le goût du *sic vos non vobis*, écrivit simplement, pendant la nuit, son nom sur la ceinture de la Vierge, et justice lui fut également rendue.

Ses affaires domestiques l'ayant rappelé à Florence, il y fit une *statue de géant,* d'un bloc de marbre, mal ébauché long-temps auparavant par un sculpteur médiocre. De retour à Rome, il y commença plusieurs de ses plus célèbres ouvrages.

Il avait vingt-neuf ans lorsque Jules II, homme extraordinaire et qui appréciait son génie, le rappela dans la capitale du monde chrétien pour travailler à son tombeau. Si Michel-Ange avait pu exécuter ce monument, tel qu'il le conçut et tel que le pontife l'approuva, il en eût fait la plus étonnante et la plus immense composition dont jamais la sculpture eût pu s'honorer; mais l'envie ne le permit pas. Vainement Michel-Ange alla-t-il choisir à Carrare les marbres nécessaires, et les fit-il transporter à Rome. Un célèbre architecte, François Lazzari, dit le Bramante, jouissait alors de toute la confiance de Jules II, et la méritait à plusieurs égards. La postérité n'oubliera jamais qu'il fut l'ami, le protecteur de Raphaël, son parent, et qu'il lui fournit les moyens de s'immortaliser par les peintures des salles du Vatican; mais elle ne lui reprochera pas moins les entraves qu'il mit au développement du génie de Michel-Ange. Employant des raisonnemens spécieux, il eut l'art de persuader au pape qu'il ne devait pas songer à se faire élever un monument funèbre, attendu qu'un tel soin ne pouvait qu'être d'un sinistre augure, ou du moins qu'inspirer à lui-même, et à ses serviteurs fidèles, des idées mélancoliques. Dès-lors, Jules II, qui se plaisait souvent à venir admirer Michel-Ange jusques dans son atelier, se refroidit envers lui. L'artiste ne reçut plus les honoraires qui lui avaient été accordés; il ne put même plus avoir, comme auparavant, un facile accès auprès du pape, et se vit en conséquence dans l'impossibilité de lui adresser ses justes plaintes.

Michel-Ange n'était pas capable de supporter avec patience un traitement si humiliant et si peu mérité. Un jour, qu'après plusieurs tentatives infructueuses, il se vit encore refuser l'entrée du palais pontifical : « Annoncez

« à votre maître, dit-il fièrement, que, quand il voudra
« me voir, il ne le pourra plus ». Aussitôt il donna ordre
à ses domestiques de vendre ses effets, et s'enfuit à
Florence la nuit suivante.

Jules lui dépêcha plusieurs couriers, qui le rencontrèrent
en route, et ne purent jamais obtenir de lui qu'il retournât
près de ce pape. Enfin, le Saint-Père adressa trois brefs,
remplis de menaces, au sénat de Florence, pour qu'il
forçât l'artiste à revenir vers lui. Les instances du Gonfalonier Soderini furent long-temps sans succès près de
Michel-Ange. Un jour qu'il le pressait encore plus que
de coutume, celui-ci lui répondit : que si on le tourmentait
davantage, il irait à Constantinople où Soliman le Magnifique l'avait fait inviter de se rendre, pour joindre, par
un pont, sur le Bosphore, cette ville au faubourg de Péra.
Ce projet avait quelque chose de gigantesque. Il n'en était
que plus digne de Michel-Ange, et d'un des plus illustres
souverains qui aient régné sur les Ottomans.

Malgré ses ressentimens et les craintes fort naturelles
que lui inspirait le caractère de Jules II, l'illustre artiste
se rendit enfin aux observations de ses compatriotes les
plus distingués, qui attachaient une importance extrême
à vivre en bonne intelligence avec le fougueux pontife.
Il l'alla trouver à Bologne, et l'on eut soin qu'il fût
présenté au pape par un évêque, sous la sauve-garde
duquel il se trouvait ainsi placé. Cette entrevue fut trop
singulière pour qu'on n'en rapporte pas les principales

circonstances. « Ainsi donc, lui dit Jules, en le regardant d'un air courroucé, tandis qu'il s'agenouillait devant lui, au lieu d'obéir à nos ordres, vous avez attendu que nous allassions au-devant de vous ». Michel-Ange lui adressa des excuses; mais il lui fit sentir, en même temps, qu'il n'avait pu supporter le mépris avec lequel il l'avait traité, en lui faisant refuser la permission d'être admis près de lui. Le prélat crut devoir alors représenter au Saint-Père que les artistes étaient ordinairement ignorans sur tout ce qui ne concernait pas leur profession, et qu'ils ne connaissaient nullement les usages du monde. « C'est vous-même, interrompit Jules, qui êtes un ignorant. Vous l'insultez, quand ce n'était pas notre intention ». Alors le frappant d'un bâton qu'il tenait à sa main, il l'obligea de sortir; ensuite il donna sa bénédiction à Michel-Ange, et l'assura qu'il pouvait toujours compter sur ses bontés. L'artiste reçut en effet, dès le jour même, des preuves de sa libéralité.

L'ordre de jeter en bronze la statue du pape, suivit de près cette réconciliation. Michel-Ange exécuta en effet cette statue pour la ville de Bologne; mais dans la suite elle fut brisée, et le duc de Ferrare, Alphonse d'Est, en fit fondre une pièce d'artillerie, que l'on nomma *la Julienne*. L'action de la main droite avait quelque chose de si fier et de si menaçant, que Jules demanda en riant à Michel-Ange, si elle donnait la bénédiction ou la malédiction. Il lui répondit qu'elle avertissait le peuple bolonais de craindre sa colère. Il demanda ensuite au pape s'il ne conviendrait pas qu'il plaçât un livre dans l'autre main. « Non, répondit « Jules, mettez-y une épée : je ne suis pas un homme de « lettres ». Ce trait le peint parfaitement.

Souvent il est arrivé que les envieux des artistes illustres, en voulant les humilier, n'ont fait qu'accroître leur renommée. Il n'en existe point de preuves plus remarquables que ce qui arriva ensuite à Michel-Ange. Bramante et ses partisans persuadèrent au pape qu'il devait plutôt l'occuper à peindre la voûte de la chapelle de Sixte IV, qu'à continuer les travaux de sculpture relatifs à son tombeau. Ils espéraient qu'ayant jusques-là peu pratiqué la peinture, celui qu'ils haïssaient se montrerait inférieur à lui-même. Michel-Ange partageait en quelque sorte leur opinion. Il se défendit fortement d'entreprendre ces peintures, et desira même que Raphaël en fût chargé; mais Jules II ne changeait pas facilement de résolution, et Michel-Ange dut obéir.

Il fit venir de Florence pour l'aider, les artistes qui possédaient le mieux la manière de peindre à fresque; mais ils ne purent le contenter; et il résolut de ne s'en rapporter qu'à lui pour cet immense travail. Ce fut ainsi qu'il exécuta seul en vingt mois cette admirable voûte, ne se confiant à personne pour les moindres détails, et portant l'attention jusqu'à préparer ses couleurs. Il fut bien récompensé de tant de peines : ces peintures surpassent tout ce que l'on connaît pour la science du dessin et la grandeur des formes.

Il n'était pas encore à la moitié de son travail (car, selon la coutume des hommes supérieurs, il lui était difficile de se satisfaire lui-même), lorsque l'impatient Jules fit abattre les échaffauds, et admira, ainsi que tous les habitans de Rome, ces étonnantes productions. Michel-Ange avait jusqu'alors sévèrement défendu que la vue en fût permise à personne ; mais Bramante avait trouvé le moyen d'y introduire secrètement Raphaël ; et cet excellent artiste, profitant, comme il l'avait déjà fait à Florence, du génie de son rival, s'était de plus en plus confirmé dans l'idée que sa manière noble et gracieuse pouvait s'améliorer encore par un judicieux mélange de l'énergie qui caractérisait celle de Michel-Ange.

Le pontife et l'artiste eurent quelques nouveaux démêlés jusqu'à ce que la voûte fût entièrement peinte. Jules avait même une fois menacé Michel-Ange de le faire jeter en bas de ses échaffauds, et il n'était que trop capable d'exécuter cette menace. Michel-Ange redoubla donc d'ardeur et d'activité pour satisfaire ses désirs. Il termina cette grande entreprise ; mais en même temps il regretta de n'avoir pu peindre qu'au premier coup plusieurs figures qu'il se proposait de perfectionner.

Les sujets représentés sont tirés de la Bible. Ce sont la *Création d'Adam*, celle *d'Eve*, leur *Péché*, leur *Expulsion du Paradis terrestre*, le *Déluge*, l'*Histoire de Judith*, et sur les côtés, des *Prophètes* et des *Sybilles*, avec quelques autres figures. Il n'est pas une seule de ces compositions qui n'atteste la force du génie de Michel-Ange ; mais la *Création d'Adam*, en particulier, peut être considérée comme un modèle du style sublime. Il importe aussi d'observer que les figures d'*Eve*, et sur-tout celle qui est assise au pied de l'arbre fatal, offrent, avec une grandeur de dessin digne de Michel-Ange, quelques-unes de ces grâces qu'il sembla pour ainsi dire mépriser, tant il se montra presque toujours peu empressé de les faire passer dans ses ouvrages.

Ayant ainsi accru sa gloire, par les moyens même que ses ennemis avaient inventés pour la diminuer, Michel-Ange fit un nouveau voyage à Florence. Il était encore dans cette ville lorsqu'il apprit que Jules II venait de mourir, après avoir ordonné par son testament que son tombeau fût achevé. La première pensée d'un monument de quarante figures, dont plusieurs au-delà de grandeur naturelle, n'avait point effrayé l'imagination de Michel-Ange ; il résolut de se conformer aux dernières volontés de Jules II. Mais Léon X, successeur de ce pontife, était de la maison de Médicis. Il exigea que Michel-Ange exerçât ses talens à Florence et pour sa famille.

Le grand artiste décora donc la façade de l'église de Saint-Laurent, la bibliothèque, et les monumens des Médicis. Il dessina l'architecture des tombeaux de Laurent et de Julien, et inventa un chapiteau, qui depuis porta son nom. Il exécuta ensuite pour ces mêmes tombeaux quatre statues justement célèbres ; elles représentent, *le Jour*, *la*

Nuit, le *Crepuscule* et *l'Aurore*. Il ajouta dans le fond de la chapelle une figure de *Vierge* assise.

De nouveaux troubles vinrent agiter Florence, et le forcer à s'en éloigner encore, en laissant ces travaux interrompus; mais il les termina dans la suite. Au reste, l'Italie entière desirait posséder quelques-unes de ses productions; et pour adopter une nouvelle demeure, il n'eut que l'embarras du choix. Il se rendit à Ferrare, puis à Venise, où le doge Gritti essaya de le fixer. Michel-Ange n'y consentit pas; mais du moins il marqua d'une manière digne de lui son séjour momentané dans cette ville, en donnant le dessin du fameux pont *Rialto*, construit tout en marbre, et formé d'une seule arche.

Vers ce temps, il peignit une *Léda* pour Alphonse, duc de Ferrare; mais, mécontent des procédés d'un des courtisans de ce prince, il fit présent de son tableau à un de ses élèves. Cet artiste l'apporta en France, et le vendit au roi François Ier, monarque toujours empressé d'enrichir son royaume des chefs-d'œuvre des arts. Ce tableau n'existe plus aujourd'hui, et on varie sur l'époque de sa destruction. L'opinion la plus accréditée est qu'il fut placé à Fontainebleau jusqu'au règne de Louis XIII, et qu'alors Desnoyers, ministre d'état, le fit brûler, parce qu'il trouva la figure de *Léda* trop passionnée. Ainsi un chef-d'œuvre fut détruit, parce que le peintre avait trop bien rendu le sujet qu'il devait exprimer.

Michel-Ange avait repris les travaux tant de fois interrompus du tombeau de Jules II, lorsque Léon X mourut en 1522. Adrien VI lui succéda, et son exaltation au trône pontifical fut pour les artistes un malheur réel. Ce pape, né à Utrecht, et autrefois précepteur de Charles-Quint, était pieux jusqu'au rigorisme le plus outré. Il considérait les tableaux et les statues comme des productions coupables; et il s'en fallut peu qu'il ne fît abattre les peintures de la chapelle Sixtine. Ce lieu, selon lui, ressemblait à un bain public, par la grande quantité de figures nues qu'il renfermait. Que n'aurait-il donc pas dit, s'il eût pu voir le *Jugement dernier* (1)!

Son règne fut court, et l'on peut juger si les amis des arts le regrettèrent, en se rappelant ce passage de Vasari, interprète de leurs sentimens : « Si Adrien eût vécu plus « long-temps, les chefs-d'œuvre dont Rome s'enorgueil- « lissait auraient été anéantis, comme à l'époque où les « Goths avaient mis le feu à cette ville, après y avoir « détruit ou mutilé les statues antiques. »

Plus d'une fois, sous son pontificat, Michel-Ange avait essuyé d'injustes reproches de la part des héritiers de Jules II. On prétendait qu'il avait reçu de ce pape des avances considérables. Sous Clément VII, successeur d'Adrien, le duc d'Urbin, neveu de Jules, s'emporta

---

(1) Ce ne fut que sous Paul III, comme on va le voir, que Michel-Ange peignit cet immense tableau. Plusieurs biographes ont donc commis un anachronisme, en supposant qu'Adrien VI l'avait enveloppé dans sa censure. Le pape qu'il scandalisa fut Paul IV.

jusqu'à menacer Michel-Ange; mais Clément, qui admirait ses talens, interposa son autorité pour que ces trop longues discussions fussent enfin terminées. On n'y parvint cependant que sous le règne de Paul III.

Lorsque Michel-Ange avait quitté Florence pour se rendre à Venise, il s'était auparavant acquitté des devoirs que lui imposait une place qu'on lui avait confiée. En qualité de commissaire-général des fortifications de la Toscane, il avait défendu la capitale de cet Etat contre ses ennemis. Dans le nouveau séjour qu'il y fit, elle fut assiégée par les troupes de l'Empereur et celles du pape ; il contribua long-temps à sa défense ; enfin, toutes ces dissensions qui étaient venues si mal à propos le distraire de la culture des arts paisibles, furent heureusement terminées; et quoique avancé en âge, il fut alors chargé par Clément VII d'exécuter à Rome la plus vaste de ses compositions, ce *Jugement dernier*, si célèbre dans tous les pays où les arts sont honorés.

Clément avait desiré de plus qu'il peignît sur le mur opposé, c'est-à-dire au-dessus de la porte principale de la chapelle, *la Chûte des mauvais Anges* ; mais il mourut lorsque le peintre venait de terminer les études du *Jugement dernier*.

Alors Paul III, successeur de Clément VII, desira que du moins l'un des deux tableaux fût exécuté. Persuadé qu'un artiste tel que Michel-Ange méritait que l'on eût envers lui des procédés extraordinaires, et très-éloigné de prendre ce ton impérieux qui trop souvent avait été celui de Jules II, il se fit accompagner de dix cardinaux, et se rendit, avec ce pompeux cortège, à la demeure de Michel-Ange, pour le prier de se conformer à ses desirs. Ce fait est unique dans l'histoire des arts; mais aussi leurs annales ne comptent point deux Michel-Anges.

On présume sans peine que le grand artiste se rendit à des intentions manifestées d'une manière si honorable pour lui. Cependant il ne consentit point à exécuter le tableau à l'huile, ainsi que le pape le desirait, d'après les conseils de Sébastien del Piombo. Quoique ce peintre recommandable fût très-lié avec Michel-Ange, qui souvent avait rendu ses tableaux plus précieux, en consentant à en dessiner les figures, ce dernier fit abattre l'enduit que Sébastien avait déjà fait préparer pour la peinture à l'huile. Ce genre, disait-il, n'était convenable qu'à des artistes lents et paresseux, comme Sébastien; et d'après les nouvelles dispositions qu'il fit faire, il exécuta le tableau à fresque.

Cette composition, unique dans la peinture comme le génie de Michel-Ange, par les sentimens d'étonnement, d'admiration, et même de terreur, dont elle n'a jamais manqué de frapper les spectateurs, occupe toute la muraille de la chapelle Sixtine, au bas de laquelle est placé l'autel. Les figures sont plus grandes que nature. Dans la partie la plus élevée, un grand nombre d'anges formant deux groupes principaux, et dans des attitudes extraordinaires, portent en triomphe les divers instrumens de la passion du Christ. Ni ces anges, ni ceux que l'on voit dans les autres parties du tableau, n'ont d'ailes aux épaules; ils semblent se soutenir dans les airs, par la seule propriété de leur nature céleste, ou plutôt par la volonté de l'Eternel. Ils ont ainsi un aspect extraordinaire qui n'est pas ce qui frappe le moins dans une composition où tout est fait pour étonner. Plus bas, au milieu d'une multitude d'anges et de bienheureux, Jésus est debout sur un nuage : la Vierge se pressant contre lui, comtemple la scène merveilleuse et terrible qui se passe sur terre et dans les airs. Parmi les saints, on distingue parfaitement S. Pierre, S. Laurent, S. Barthelemy, etc.; ce dernier, tenant d'une main sa peau dont on l'a dépouillé, montre au Christ le couteau dont on s'est servi pour lui faire souffrir un si affreux supplice. Cette figure est une de celles dont l'expression ne peut se faire sentir par des paroles, et que Michel-Ange seul était capable de concevoir et d'exécuter. Le Juge suprême des mortels se tourne vers les réprouvés qui sont à sa gauche, et, par le geste le plus expressif, les dévoue à des tourmens sans fin. Sur un plan inférieur, paraissent au milieu des airs, ici, des ames heureuses que des anges attirent ou qui s'élèvent d'elles-mêmes au séjour de l'éternelle félicité ; là, des réprouvés agités du plus violent désespoir. Déjà les démons en ont saisi plusieurs, et ils se hâtent d'entraîner avec eux dans les abymes ces proies qui leur sont accordées pour toute l'éternité. Dans le milieu, au-dessous du Christ, des anges font retentir les fatales trompettes qui évoquent les morts de leurs tombeaux. Sur le plan le plus bas, un grand nombre d'entr'eux répondent au redoutable signal. D'autres démons entraînent d'autres coupables; et l'un d'eux, placé dans une barque, menace de sa rame les victimes pour jamais dévoués à sa fureur.

Il n'y a point eu, et peut-être n'y aura-t-il pas à l'avenir dans les arts, de composition plus étonnante, et qui puisse être l'objet de plus de censures et de plus de marques d'admiration. La fierté du dessin, la force des expressions, la surprenante variété des attitudes de cette foule prodigieuse de figures, ne peuvent être assez louées par ceux que l'extraordinaire, le sublime frappent et transportent. Ils sentent que si un pareil tableau n'existait pas, il ne se ferait jamais. La variété des supplices étonne leur imagination, et ils sont trop maîtrisés par les émotions profondes et terribles que le peintre leur communique, pour songer à rien desirer dans cette immense machine au-delà de ce qu'ils voient. Ils sentent, en un mot, qu'un tel sujet semble avoir été fait tout exprès pour Michel-Ange, comme Michel-Ange n'a multiplié des études si longues et si assidues que pour mieux se rendre capable de l'exécuter.

Mais si les admirateurs du grand peintre semblent ne pouvoir trouver de paroles capables d'exprimer tout ce que ce tableau inspire, ses critiques, de leur côté, multiplient les reproches. Ils ne peuvent dissimuler que tant de bienheureux leur paraissent, pour le plus grand nombre, dans des attitudes violentes, qui ne donnent aucune idée de leur béatitude et de l'éternelle paix dont ils doivent jouir. La manière impitoyable dont les démons s'acharnent sur leurs victimes, leur semble plus atroce encore qu'énergique ; et il est tels groupes, soit de saints, soit de démons et de damnés, qui leur paraissent n'avoir été imaginés que pour blesser la pudeur des spectateurs les moins rigides. Ils cherchent aussi vainement dans ce tableau, où toutes les figures se détachent sur un fond à-peu-près par-tout également bleu, plusieurs parties importantes de l'art, telles que la vérité et la fraîcheur des carnations, la belle disposition des lumières et des ombres, ainsi que l'entente de la perspective. Ils reprochent à Michel-Ange d'avoir mis une affection continue à reproduire et à réaliser par son pinceau plusieurs idées du Dante, plus bizarres que grandes. Cette figure dont un serpent enveloppe le corps de plusieurs plis, et qui, ainsi que plusieurs autres, ne peut être exactement décrite, leur paraît d'une singularité que ses oreilles d'âne rendent presque burlesque. Ils la blâment, sur-tout, lorsqu'ils savent qu'elle est le portrait d'un des principaux personnages de la cour de Paul III, que le peintre a ainsi placé parmi les démons, parce que cet homme ne goûtait pas ses ouvrages (1).

(1) Il est contaté que l'offensé se plaignit au pape, qui lui répondit en riant par ce bon mot : « Si Michel-Ange vous avait placé dans le purgatoire, j'inter« poserais mon autorité suprême pour que vous cessassiez d'y être ; mais vous « savez qu'en enfer il n'est plus d'espérance d'un meilleur sort. »

On croit que le peintre, toujours rempli des idées du Dante, qui trop souvent a confondu l'enfer du Paganisme avec celui des chrétiens, a eu intention de faire de cette figure un juge des enfers, un véritable Minos. Le fait pourrait être contesté; mais on ajoute que le diable qui est dans la barque est bien, dans son action comme dans ses traits caractéristiques, le nocher des enfers payens, dont le Dante a dit dans son chant troisième :

« Ed ecco verso noi venir per nave
« Un vecchio bianco per antico pelo,
« Gridando : Guai à voi anime prave ! »

Et ensuite :

« Caron dimonio con occhi di bragia
« Loro accenando, tutte le raccoglie
« Batte col remo qualunque si adagia. »

« Voici que nous voyons venir à nous, dans une barque,
« un vieillard dont l'âge a blanchi la chevelure; il criait :
« malheur à vous, âmes dépravées. »

« Le démon Caron, les yeux enflammés, rassemble les
« âmes criminelles ; il les entasse dans sa nef, et frappe
« de sa rame celles qui tardent à s'y rendre. »

Quant à cette dernière inculpation, il paraît très-facile d'en justifier Michel-Ange. Si le Dante a tout confondu en faisant de son démon placé dans une barque, le vieux Caron, le diable du peintre est dans la force de l'âge : il a bien représenté l'action indiquée par le poète, mais rien chez lui ne désigne et ne peut désigner en particulier Caron plutôt qu'un démon de l'enfer chrétien. On a plus d'une fois admis des fleuves de feu au nombre des divers supplices dont le christianisme menace ceux qui offensent Dieu ; Michel-Ange pouvait donc les indiquer dans sa composition.

Cette immense quantité de figures nues scandalisa tellement Paul IV, que Daniel de Volterre fut obligé, pour que le tableau ne fût pas détruit, d'en couvrir de draperies un certain nombre. C'est là une des plus fortes objections contre le peintre ; car il s'en faut que le mal soit tout-à-fait réparé; et d'ailleurs, on y voit des actions tellement marquées du sceau de l'obscénité, qu'on n'aurait jamais pu les rendre moins déshonnêtes, à moins d'effacer totalement les figures. Il n'est à ces objections pressantes qu'une seule réponse, c'est que Michel-Ange était pénétré, comme les sculpteurs anciens, de la pensée qu'on ne peut se montrer grand dessinateur, si on ne représente le corps humain dans l'état de nudité. De plus, il croyait que dans un sujet si terrible, et dont son pinceau n'avait en rien affaibli l'effrayante impression, des chrétiens ne s'attacheraient pas à critiquer tel ou tel groupe en particulier. Aussi était-il là-dessus intérieurement si sûr de son innocence, que quand on lui fit part des plaintes que Paul IV avait manifestées, il répondit avec sa franchise et son énergie accoutumées. « Que ce dont on se plaignait n'était de nulle « importance ; que sa sainteté devait plutôt songer à

« purger le monde des désordres et des crimes dont il était
« infecté; que, quant à lui, rien ne lui serait plus facile
« que de corriger ses peintures. »

Vasari a expressément déclaré, « que Michel-Ange,
« s'attachant comme à l'essentiel à bien dessiner le corps
« humain, avait négligé à dessein les agrémens du coloris
« et tous les caprices, toutes les fantaisies nouvellement
« accréditées par la mode ». Il ajoute ailleurs « qu'il a
« dédaigné d'introduire dans ses tableaux des paysages,
« des arbres, des appartemens, comme étant des acces-
« soires de peu d'importance, et qui méritaient fort peu
« qu'un génie tel que le sien s'en occupât ». On doit avouer
que ce système paraît évidemment adopté par Michel-
Ange dans son *Jugement dernier*, et qu'il faut qu'un artiste
soit bien sûr de maîtriser l'esprit et l'âme de ses spectateurs, pour oser s'interdire à dessein tout ce qui ajoute
au charme des tableaux et à l'effet qu'ils doivent produire.
Il faut, en un mot, qu'il soit à-peu-près sûr d'être habi-
tuellement sublime. Mais aussi, tel est l'éloge qu'on ne
peut refuser à Michel-Ange, et, en dernier résultat,
lors même que l'on a reconnu la justesse de la plupart
des critiques dont son tableau a été, est et sera l'objet, on
finit par le considérer comme un ouvrage à part, comme
une production merveilleuse d'un génie imposant jusques
dans ses écarts.

Une seule salle sépare de cette chapelle celle qui porte
le nom de chapelle *Pauline*, parce que l'histoire de S. Paul

y est peinte aussi à fresque, en plusieurs tableaux par le même artiste. Ces compositions ne pouvaient pas être aussi vastes que le *Jugement dernier*, et l'humidité d'une part, de l'autre les illuminations pour les prières des quarante heures les ont presque détruites; toutefois dans *la Chûte et la Conversion du saint*, il est impossible de méconnaître le fier et terrible Michel-Ange.

On a déjà vu souvent que le tombeau de Jules II, dont Michel-Ange espérait faire le plus vaste et le plus surprenant monument de sculpture, lui avait causé de grandes contrariétés et de nombreux chagrins; il l'exécuta enfin, mais sans avoir pu suivre en rien sa première idée.

Lorsqu'il eut confondu les malveillans et qu'il les eut réduits à ne pouvoir prouver qu'il eût reçu, comme ils le prétendaient, des sommes exorbitantes, il convint avec les héritiers de Jules que, pour ce qui lui avait été réellement payé, il ferait un monument à une seule face, orné de six statues de sa main; mais Paul III engagea le duc d'Urbin à consentir que Michel-Ange n'exécutât que la moitié de ce nombre. D'après ce nouvel arrangement, qui fut définitif, le tombeau fut en moins d'une année entièrement terminé, tel qu'on le voit encore aujourd'hui dans l'église de Saint-Pierre-aux-Liens.

La figure la plus remarquable est ce fameux *Moïse*, que beaucoup de connaisseurs regardent comme le chef-d'œuvre de Michel-Ange, en sculpture. On en a fait de nombreuses critiques, dont plusieurs peuvent n'être pas tout-à-fait dénuées de fondement, de ce nombre sont celles qui portent sur l'attitude et le vêtement du prophète ; mais dire, comme quelques écrivains n'ont pas rougi de l'avancer, que la tête de cette statue ressemble à celle d'un bouc, c'est s'exprimer avec une grossièreté qui fait plus de tort à ces étranges connaisseurs qu'à l'illustre statuaire. Ce qui est démontré avec la dernière évidence, c'est que les spectateurs le moins familiarisés avec les productions des arts, sont, aussi bien que ceux qui en possèdent le mieux la théorie, frappés comme de stupeur à l'aspect de cette étonnante figure. Winckelmann a parfaitement remarqué qu'en contemplant la divine statue, si célèbre sous le nom de *l'Apollon du Belvédère*, on prenait soi-même, sans y songer, une attitude noble. Le *Moyse* produit presque toujours un effet d'une espèce assez semblable. Dès qu'on l'aperçoit, il n'est pas rare que l'on s'arrête, ou même que l'on recule de quelques pas, sur-tout quand on le voit pour la première fois. Or, de telles impressions contrebalancent, ou plutôt anéantissent facilement toutes les critiques de détail, nées de la réflexion. Elles prouvent avec la dernière évidence qu'il y a dans la pensée et l'exécution de cette statue quelque chose de vraiment sublime. En faut-il davantage pour la gloire de l'artiste!

Les deux filles de Laban, *Lia* et *Rachel*, sont placées près de *Moyse*. La première tient un miroir et une guirlande de fleurs ; la seconde élève ses mains vers le ciel. Outre ces trois figures exécutées par Michel-Ange lui-même, un bon sculpteur, Raphaël da monte Lupo, en a exécuté trois autres d'après ses modèles. Ce sont une *Vierge*, un *Prophète* et une *Sibylle*. Il a fait aussi la *figure du Pape*, couchée sur le tombeau, et au-dessus de lui, une *Charité*. Selon un usage adopté par la plupart des sculpteurs à qui, dans ces sortes de travaux, on ne demande pas plus qu'aux panégyristes de se conformer à l'exacte vérité, plusieurs *Vertus*, que l'on prétend être celles de Jules II, sont placées près de lui dans des niches.

Par-tout ailleurs ces statues pourraient être examinées avec une attention dont elles sont très-dignes; mais le voisinage du *Moyse* leur est nuisible. Il éclipse tout; il captive tous les regards; et tels amateurs ont peut-être visité vingt fois ce tombeau, sans avoir conservé un souvenir exact de toute autre statue que celle-là.

Le *Moyse* devait être un des quatre prophètes que Michel-Ange se proposait de placer autour du monument, d'après son plan primitif, dont le dessin semble n'avoir été conservé que pour rendre plus amers les regrets de ses admirateurs. Il avait aussi sculpté une *Victoire* que Florence possède; et deux *Esclaves* qui furent envoyés à François Ier par un gentilhomme Florentin, appelé Robert Strozzi. Donnés par ce prince au connétable de Montmorenci, ils furent ensuite placés, par ordre du cardinal de Richelieu, au château qu'il fit bâtir en Poitou, et qui porta son nom. Transportés ensuite à Paris dans l'hôtel Richelieu, ils ont depuis été admirés pendant quelque temps au Musée Napoléon. Le sculpteur Falconet, qui a parlé du *Moyse* avec une excessive sévérité, a fait, avec autant de vérité que de chaleur, l'éloge de ces deux morceaux ; non terminés, il est vrai, mais qui n'en attestent pas moins avec force le génie de Michel-Ange. Quiconque, sans avoir visité Rome ou Florence, a étudié ces deux statues avec l'attention convenable, peut, à l'exemple du sculpteur français, affirmer qu'il connaît Michel-Ange.

Pendant que l'illustre artiste était occupé de tant de travaux, auxquels on conçoit à peine que la vie d'un seul homme ait pu suffire, il ébaucha dans un seul bloc de marbre quatre figures plus grandes que nature, représentant une *Descente de Croix*. Son intention était d'en faire orner le lieu de sa sépulture, mais il ne termina pas cet ouvrage.

A cette époque de sa vie, il s'était, comme on l'a vu, occupé de l'architecture, selon les circonstances, et non par un travail continu ; mais San-Gallo, architecte de la *Basilique de Saint Pierre*, mourut, et Paul III, l'un des papes qui connurent le mieux tout ce que pouvait le génie de Michel-Ange, le chargea de continuer les travaux commencés pour rendre ce monument digne, sous tous les rapports, d'être le premier temple de la chrétienté. Il l'est en effet devenu ; et de tant d'artistes célèbres qui se sont efforcés d'y manifester leurs talens, aucun n'a autant contribué que Michel-Ange à le rendre une merveille du monde. Après un examen réfléchi des projets de

Bramante et de San-Gallo, il démontra ce qu'ils avaient de défectueux, et proposa le sien, qui fut hautement approuvé par Paul III. Afin de réduire ses envieux au silence, et dans la vue d'écarter les obstacles qu'ils pourraient opposer à ses travaux, ce pontife l'autorisa expressément par un bref, à suivre ses propres idées, et à faire toutes les réformes qu'il indiquait; il décerna même de fortes punitions contre ceux qui oseraient changer quelque chose au plan de Michel-Ange.

L'immortel artiste, s'estimant heureux d'acquérir ce surcroît de gloire, et d'attacher pour jamais son nom à un tel monument, refusa les honoraires d'une place qui avait procuré l'opulence à ses prédécesseurs. Pendant dix-sept années, il présida aux travaux de la superbe basilique, sans recevoir aucune rétribution. Conduite bien digne d'être citée dans une notice sur sa vie, et qui, s'il en était besoin, suffirait pour faire sentir combien les inculpations des héritiers de Jules II étaient peu fondées.

Devenu architecte de *Saint-Pierre de Rome*, Michel-Ange, par un rapprochement singulier, fut chargé en même temps de construire un imposant édifice sur le sol le plus vénéré des anciens Romains. D'après ses dessins, le moderne *Capitole* s'éleva; et c'est à lui que ce lieu, auquel se rattachent tant de grands souvenirs, doit le noble aspect qu'il présente encore de nos jours. La mort ne lui permit pas de voir cet édifice terminé; mais on suivit ses projets, et, comme s'il eût dû avoir part aux monumens les plus remarquables de l'ancienne capitale du monde, il fit exécuter, pour plaire à Paul III, l'entablement du palais Farnèse, et les trois ordres de colonnes dont la cour de cet édifice est décorée.

La mort de Paul III ne changea rien à la situation où se trouvait Michel-Ange. Désormais sa célébrité ne craignait ni les évènemens, ni l'envie. Jules III, entr'autres ouvrages, lui confia la construction d'une *villa* aux environs de Rome; et Paul IV, successeur de ce dernier pape, le retint près de lui, pour continuer la construction de *l'église de Saint-Pierre*, dans un temps où Florence réclamait avec empressement l'artiste illustre né sur son territoire.

Parmi plusieurs autres plans d'architecture qu'il fit alors exécuter, il faut remarquer celui de *l'église de Sainte-Marie-des-Anges*. Il construisit ce temple dans les thermes de Dioclétien, en se servant avec habileté des anciennes fondations. Il y ajouta une des entrées les plus nobles qu'ait jamais eu aucune église, même à Rome.

Michel-Ange avait, comme on vient de le dire, occupé pendant dix-sept ans la place d'architecte de Saint-Pierre, lorsqu'il résolut de prendre enfin quelque repos. Il éprouva le désagrément de voir que Daniel de Volterre, son disciple et son ami, ne fût pas désigné pour lui succéder, comme il le desirait. Mais du moins Pirro Ligorio et Vignole, architectes très-habiles, qui furent chargés d'exécuter ses plans, eurent ordre de n'y faire aucun changement; et Pie V, qui régnait alors, ne crut pas devoir lui marquer moins de considération que ses prédécesseurs.

Le moment arriva enfin où l'immuable volonté du ciel, qui ne permet pas que la plus haute renommée, ni les dons précieux du génie, puissent soustraire à la mort les hommes les plus illustres, marqua un terme à la carrière de Michel-Ange. Plein de gloire et de jours, il expira, en chrétien et en sage, l'an 1564, à l'âge de quatre-vingt-dix ans, laissant un nom qui vivra dans la mémoire des nations, tant que les arts seront en honneur, et que le monde ne tombera pas dans une barbarie universelle.

Pie V, ayant dessein de lui faire élever un tombeau dans l'église des Saints Apôtres, donna ordre qu'on y transportât sa dépouille mortelle; mais le Grand-Duc, Cosme II de Médicis et les Florentins ne purent souffrir qu'une autre ville que la leur possédât ses restes. Par un pieux larcin, ils firent, secrètement et pendant la nuit, transporter son corps à Florence. L'académie, dont il avait été si justement proclamé le chef, résolut de l'honorer d'une pompe funèbre dans l'église de Saint-Laurent, appartenant aux Médicis. Le Grand-Duc approuva ce projet, et Benoît Varchi, poëte, orateur et historien, fut chargé de prononcer l'oraison funèbre de Michel-Ange.

Sur les diverses faces du catafalque étaient représentés plusieurs traits de sa vie. Quatre figures, grandes comme nature, *l'Architecture, la Peinture, la Sculpture et la Poésie* étaient près de ce monument. Il aurait suffit que Michel-

Ange se fût montré poète et grand poète dans ses tableaux et ses statues, pour que cette dernière figure ne fût là nullement déplacée; mais nous verrons bientôt qu'il s'était exercé avec succès, quoique rarement, dans la poésie. Au milieu de ces statues allégoriques, s'élevait celle de Michel-Ange lui-même. Par une attention ingénieuse, les ordonnateurs de la cérémonie avaient rappelé qu'un des arts auxquels il devait son immortalité lui avait toujours été plus cher que les autres, et ils avaient tourné son image vers la sculpture, comme s'il se fût entretenu avec elle.

On choisit ensuite pour le lieu de sa sépulture l'église de Sainte-Croix; et Léonard Buonarotti, neveu de Michel-Ange, reçut de la munificence du Grand-Duc tous les marbres nécessaires pour l'exécution du tombeau. Vasari, bon dessinateur, élève, admirateur et biographe de Michel-Ange, eut la direction de ce monument, et y plaça le buste de son illustre maître. Trois habiles sculpteurs, tous Florentins, l'accompagnèrent des figures en marbre de *la Sculpture*, de *la Peinture* et de *l'Architecture*. La première fut exécutée par Valerio Cioli, la seconde par Jean-Baptiste Lorenzi, et la troisième par Jean Dell'opera.

Quand les hommes de génie ont cessé d'exister, leurs fautes, s'ils en ont commis, et les défauts de leur caractère sont en quelque sorte oubliés. La postérité semble écarter avec soin toute pensée qui pourrait diminuer l'admiration que leurs ouvrages lui inspirent; et que d'artistes, que d'écrivains célèbres ont eu besoin d'une telle indulgence ! Cependant il est encore plus satisfaisant de pouvoir estimer ceux que l'on admire, et Michel-Ange est du petit nombre de grands hommes dont la mémoire peut, sous ce rapport, soutenir l'examen le plus rigoureux. A la vérité, il était d'une humeur assez irritable; on ne l'a point dissimulé dans cette notice, et on ajoutera même que cette humeur ressemblait à de la misanthropie ; mais personne ne doit confondre, avec des défauts nuisibles à la société, une manière d'exister qui, prouvant seulement son attachement presque exclusif à la culture des beaux arts, ne fit jamais de tort à personne. S'il eut pour émules, d'abord Léonard de Vinci et ensuite Raphaël, cette rivalité ne produisit ni de sa part, ni de la leur aucun acte de basse jalousie. On a écrit que, rencontrant un jour à la promenade Raphaël accompagné, comme de coutume, d'un cortège de jeunes artistes, il lui dit : « Te voilà comme « un prévôt entouré de ses archers »; et qu'il reçut cette réponse : « Et toi, te voilà seul comme le bourreau ». Si l'anecdote est vraie, ces mots, qui ne sont pas même des épigrammes, ne prouvent absolument rien contre le caractère de l'un ou de l'autre. Un fait plus certain, et qui méritait mieux d'être conservé, est la manière ingénieuse dont Michel-Ange critiqua un jour son rival. Voulant lui faire sentir que, dans son tableau de *Galatée sur les eaux*, peint au palais dit la Farnésine, les figures lui paraissaient trop petites pour l'étendue de l'appartement, il dessina sur le même mur une tête de Faune colossale. Raphaël reconnut la justesse de la censure, et rendit hommage à son illustre émule, en ne permettant pas que l'on effaçât ce croquis.

Michel-Ange eut des mœurs très-pures, très-austères, et une piété solide. Il ne voulut jamais s'engager dans les liens du mariage, et rien n'est plus connu que la réponse qu'il fit un jour à ceux qui l'en pressaient. « Ma profession, « dit-il, est ma femme, et mes ouvrages sont mes enfans (1) ». L'espèce de *sauvagerie* qui le portait à préférer la solitude aux sociétés les plus brillantes, où il eût été admis avec empressement, ne dégénéra jamais en dureté de cœur. L'anecdote suivante en est une preuve incontestable. Etant malade, il demanda au vieux serviteur, qui seul depuis un grand nombre d'années prenait soin de sa maison, ce qu'il deviendrait s'il venait à le perdre. « Il faudra bien, « répondit cet homme, que je serve quelque autre maître. « Oh! mon ami, répliqua Michel-Ange, je ne veux pas « que tu courres le risque d'obéir un jour à quelqu'un « qui n'aurait pas pour toi les égards convenables ». Et aussitôt il lui donna une très-forte somme d'argent.

On croirait insulter la mémoire de cet illustre artiste, si l'on songeait à réfuter sérieusement la fable aussi absurde

---

(1) Il est assez singulier qu'Alphonse Dufresnoi ait fait de cette réponse une espèce de précepte. « La peinture, dit-il, dans son poëme, aime la liberté « du célibat. »
« .... *In cœlibe libera vitâ.* »

qu'odieuse, dans laquelle on a supposé qu'il perça un jour le côté d'un de ses modèles, pour mieux représenter, d'après lui, un Christ expirant. On ne fait mention de cette stupide calomnie, que pour remarquer avec quelle triste facilité de pareils contes se propagent sans le moindre degré de vraisemblance.

Le testament de Michel-Ange mérite d'être rapporté à cause de son expressive concision. « Je laisse, y disait-il, « mon ame à Dieu, mon corps à la terre, et mes biens « à mes parens. »

Si les rares talens de Michel-Ange durent lui mériter une existence heureuse, il n'eut point sujet, comme plusieurs autres hommes célèbres, d'accuser en ce point sa destinée, et d'en appeler à la postérité de l'injustice de ses contemporains. On a vu qu'il fut comblé d'honneurs. Plusieurs souverains pontifes dérogèrent même à l'étiquette, en sa faveur, et le firent asseoir en leur présence. Les Médicis, fiers de l'illustration qu'il donnait à l'école Florentine, furent ses constans protecteurs, et celui qui honora si noblement sa mémoire, le duc Cosme ne parlait jamais à ce vénérable vieillard que le chapeau à la main.

Il n'est nullement indifférent de savoir ce que pensait, de l'imitation des statues antiques, un homme qui porta la sculpture à un si haut degré de perfection. Son génie libre et indépendant ne lui permettait pas d'approuver que l'on copiât, avec une trop grande assiduité, les morceaux remarquables de l'art des grecs. Il disait un jour d'un artiste, trop adonné à cette imitation servile : « Quiconque s'accoutume à suivre ainsi sans cesse les autres, » ne pourra jamais marcher leur égal ; et quand on n'est « pas capable de bien faire par soi-même, on ne peut « s'aider avec avantage du travail d'autrui ». Ces paroles renferment l'explication de la conduite qu'il crut devoir tenir dans ses études. Il comprit de bonne heure que, sans cesser de prendre les anciens pour guides dans leur manière grande et noble de voir le naturel, un artiste, sûr de ses forces, devait s'en créer une originale, propre à le distinguer de la foule ; et certes, ce ne fut ni par caprice, ni par désir d'éluder les grandes difficultés de l'art qu'il prit ce parti, puisqu'aucun peintre ou sculpteur n'a jamais fait des études aussi profondes que les siennes, et que sa méthode est la plus savante que l'on connaisse chez les modernes. L'Arioste, après avoir fort bien réussi à composer des vers latins, résolut de n'en plus faire que dans sa propre langue. « Il vaut mieux, disait-il, être « le premier des poëtes italiens, que le second des latins ». Telle dut être exactement la façon de penser de Michel-Ange à l'égard de la sculpture. Il parvint à se placer à côté des plus fameux statuaires de l'antiquité, en ne suivant pas la route qu'ils avaient tracée.

Au reste, on a une preuve bien forte, et l'on peut dire bien touchante, de l'enthousiasme que lui inspiraient les chefs-d'œuvre du ciseau grec, dans une anecdote authentique et rapportée par plusieurs de ses biographes. Sur la fin de ses jours, sa vue s'affaiblit progressivement au point qu'il devint tout-à-fait aveugle. Dans cet état, il se fit plusieurs fois conduire près du sublime fragment antique, connu sous le nom de *Torse du Belvédère* (1), et là il laissait errer ses mains sur le marbre, pour qu'au défaut de la vue, le toucher du moins lui rappelât les formes admirables de cette statue. Long-temps auparavant, il avait essayé de restaurer le bras droit qui manque au *Laocoon*, mais, par modestie et par un sentiment profond des beautés de ce chef-d'œuvre, il ne voulut point l'achever.

Les belles-lettres et la poésie n'étaient, pour Michel-Ange, qu'un délassement utile, et ne le détournaient pas trop de ses études et de ses travaux habituels. D'après ce que l'on a eu plusieurs fois occasion de remarquer sur la conformité de son génie avec celui du Dante, il ne paraîtra pas surprenant que le petit nombre de vers sortis de sa plume rappellent plus fortement la manière de ce poète que celle de tout autre. Pour donner une idée de son talent en ce genre à ceux qui peuvent l'apprécier, on rapportera quatre de ses vers. Un poëte, son contemporain, en avait composé un pareil nombre où il faisait l'éloge de la statue de *la Nuit*, l'une de celles qui décorent les tombeaux de Laurent et de Julien de Médicis. Il

---

(1) Ce chef-d'œuvre, qui représentait, selon les conjectures les plus probables, *Hercule admis au rang des Dieux*, est l'ouvrage d'Apollonius, fils de Nestor, athénien, dont le nom se lit sur le rocher qui sert de siège à la figure. On le voit aujourd'hui, ainsi que le Laocoon, dans une des salles du Musée Napoléon, et il est, pour les vrais connaisseurs, un des plus précieux morceaux de cette collection inappréciable.

finissait en disant au spectateur : « Si tu ne crois pas « qu'elle soit vivante, éveille-la, et elle te parlera ». Michel-Ange répondit par ce quatrain, où la Nuit est supposée répondre elle-même.

> « Grato m'è il sonno, e più l'esser di sasso,
> « Mentre che il danno, e la vergogna dura :
> « Non veder, non sentir m'è gran ventura ;
> « Però non mi destar ; Deh ! parla basso. »

Voici le sens de ces vers vraiment *Dantesques*.

« Il m'est agréable de dormir, il me l'est encore plus « d'être de marbre. Dans ces temps de malheurs et de « honte, c'est un grand bonheur pour moi de ne voir « ni sentir. Ainsi ne m'éveille point, je t'en conjure ; « parle bas. »

Pour parvenir à une extrême vieillesse, malgré tant et de si considérables travaux si capables de l'épuiser, Michel-Ange dut être et fut, en effet, d'une constitution fort robuste ; mais il est également constant que le régime auquel il s'assujettit de bonne heure, et son extrême sobriété contribuèrent beaucoup à écarter de lui les maladies. On assure (et ce sont ses contemporains qui attestent ce fait) que tant qu'il travailla aux peintures de la voûte de la chapelle Sixtine, il ne mangea pas de viande, ni même de légumes. Du pain et une très-petite quantité de vin lui suffirent pour réparer ses forces ; et son génie eut ainsi une liberté que, disait-il avec raison, une nourriture trop substantielle aurait pu détruire.

Michel-Ange était d'une taille moyenne et d'un aspect imposant. La brutalité de Torrigiano n'avait pas tellement défiguré ses traits, que l'on n'apperçût dans sa physionomie des formes grandes et un peu sévères qui se rapprochaient ainsi du caractère le plus distinctif des figures qu'il a peintes ou sculptées (1). Quelques tableaux de petite proportion et peints à l'huile, tels *qu'une Sainte-Famille*, un *Christ en croix*, un *Sommeil de l'enfant Jesus*, etc., placés dans des galeries à Rome, Florence ou Bologne, offrent un style qu'on ne peut méconnaître pour celui de Michel-Ange; mais les connaisseurs les plus instruits ont toujours été persuadés qu'ils avaient été peints par d'autres artistes, et qu'il s'était contenté de les dessiner. Le choix d'un genre de peinture qui ne plaisait nullement à ce grand artiste; le silence de Vasari sur la plupart de ces petits tableaux, et, peut-être encore plus que tout le reste, le soin minutieux avec lequel ils sont terminés, tandis que ce génie fougueux a pu rarement s'assujettir à finir même les morceaux qu'il exécutait en sculpture, quoiqu'il eût tant de prédilection pour cet art; toutes ces raisons, qui se fortifient mutuellement, ne permettent pas de penser que

(1) On se gardera bien de vouloir donner à la science physiognomonique une confiance trop étendue ; mais il est démontré à ceux qui se sont quelquefois occupés de comparer les portraits d'un grand nombre de peintres illustres aux figures de leurs tableaux, que ces sortes de ressemblances ne sont pas rares et paraissent quelquefois frappantes. Ainsi, leur physique aussi bien que leur moral semble se retracer dans leurs productions. Par exemple, rien n'est plus sensible que la ressemblance de la tête de Raphaël à celles des anges, ou des jeunes gens dont il a si souvent embelli ses compositions.

ces tableaux offrent autre chose de lui que la composition et le trait. C'en est toutefois assez pour les rendre précieux. Tout ceci, au reste, doit s'appliquer aussi à quelques autres petits tableaux, dont quatre, parmi lesquels était un *Ganimède enlevé par l'aigle*, ont long-temps fait partie de la magnifique collection du Palais Royal, aujourd'hui perdue pour la France, et dispersée tant en Angleterre qu'en Russie.

Quant aux deux tableaux de *David terrassant Goliath*, et qui faisaient partie de la collection du roi de France, il est reconnu aujourd'hui qu'ils sont de Daniel de Volterre.

Un fait remarquable dans l'histoire des arts, c'est que quand Sébastien de Venise, dit Sébastien del Piombo, qui avait étudié le coloris d'après les excellentes leçons et les exemples non moins utiles du Giorgion, eut la noble audace de lutter contre Raphaël, Michel-Ange lui dessina son tableau. C'était une *Résurrection de Lazare*, devenue justement célèbre, mais qui ne put balancer le succès qu'eut l'ouvrage de Raphaël, puisque c'était son chef-d'œuvre et celui de l'art, la *Transfiguration*.

Sans prétendre citer avec un soin minutieux les différens morceaux de sculpture faits par Michel-Ange, on croit devoir en indiquer encore ici quelques-uns des plus renommés, tels qu'un *David*, deux fois grand comme nature, sculpté à Florence, et qui plus qu'aucune autre de ses statues excita la jalouse émulation de Baccio Bandinelli, comme on le verra dans la vie de cet artiste.

Michel-Ange ébaucha une tête du *second Brutus* ; mais cet ouvrage en marbre fut placé dans la galerie de Florence, sans être terminé. Il fut le sujet de deux distiques latins dont les auteurs, donnant des motifs opposés à la résolution prise par Michel-Ange de ne pas achever ce buste, ont principalement songé à montrer leur esprit et à manifester leurs propres opinions. Il est inutile de s'y arrêter.

Ce fut encore au ciseau de Michel-Ange que Rome dut une *statue de Saint-Grégoire*, achevée après sa mort par un sculpteur peu connu et nommé Francisioni, un *buste de Paul III*, etc.

On ne peut rappeler les plus belles sculptures de Michel-Ange, sans parler d'une magnifique statue en marbre du *Christ portant sa croix*, placée à Rome dans l'Eglise de la Minerve. C'est une des plus nobles productions de son ciseau (1).

Rome et Florence possèdent encore plusieurs palais ou portes, qui sont, ainsi que les édifices dont on a déjà parlé, de durables monumens des talens de Michel-Ange en architecture.

On reconnaît assez généralement que, par la fierté de son style et son admirable exécution, il doit être

(1) Cette statue est depuis long-temps l'objet d'une dévotion toute particulière, de sorte que, comme les fidèles s'empressaient de couvrir de baisers l'extrémité de son pied droit, on s'est vu obligé, pour que le marbre ne s'usât pas, de l'envelopper d'un brodequin de métal, sur lequel les marques de la ferveur du peuple de Rome sont très-visibles.

placé à la tête des sculpteurs modernes. Ceux même qui n'affectionnent pas sa manière, conviennent qu'il est le chef d'une école où les sculpteurs, qui ont marché sur ses traces avec le plus de talent et de bonheur, tels que Baccio Bandinelli, Daniel de Volterre, Guillaume della Porta et Jean de Bologne, ont produit de très-beaux ouvrages, sans toutefois l'avoir égalé.

Dans la peinture, où son seul élève d'un mérite distingué fut Sébastien del Piombo, sa supériorité a été plus contestée, mais du moins ne lui a-t-on jamais opposé que les plus illustres maîtres des autres écoles, et particulièrement Raphaël.

Il en est de tous les parallèles que l'on a tracés de ces deux peintres, comme de ceux qu'ont fait entreprendre Homère et Virgile, Démosthènes et Cicéron, l'Arioste et le Tasse, Corneille et Racine, etc. Ayant à prononcer entre deux hommes de génie, chacun de ceux qui se constituait leur juge a penché pour l'un ou pour l'autre, d'après son goût particulier; mais s'il a été digne d'avoir une opinion à leur égard, il n'a jamais cessé de les admirer tous deux, et de les considérer comme des hommes en quelque sorte privilégiés, et à peu près inimitables. L'un des meilleurs rapprochemens de cette espèce a été fait par Reynolds, dans le cinquième de ses excellens *discours sur la peinture*, prononcés à l'Académie des beaux-arts de Londres. On a pensé que la citation du passage qui termine cette petite dissertation, compléterait d'une manière convenable cette notice. Elle donnera en effet à une opinion embrassée par tous les amateurs éclairés, la sanction d'un peintre habile, qui, en écrivant sur son art, a toujours montré autant de goût que d'impartialité. De plus, elle achevera sans doute de donner de Michel-Ange l'idée qu'on s'est toujours efforcé de manifester en écrivant cet abrégé de sa vie.

« Si l'on demandait, conclut Reynolds, lequel doit tenir
« le premier rang de Raphaël ou de Michel-Ange, il
« faudrait répondre que, s'il appartient à celui qui possède
« le plus grand nombre de qualités supérieures qui con-
« stituent l'éminent artiste, on ne peut douter que Raphaël
« ne mérite la prééminence ; mais lorsque l'on admet,
« avec Longin, que le sublime est la plus grande per-
« fection à laquelle l'esprit humain puisse atteindre, et
« qu'il suffit seul pour compenser toutes les autres qualités
« qui peuvent manquer à un ouvrage ; alors certainement
« le premier rang appartient de droit à Michel-Ange. »

FIN.

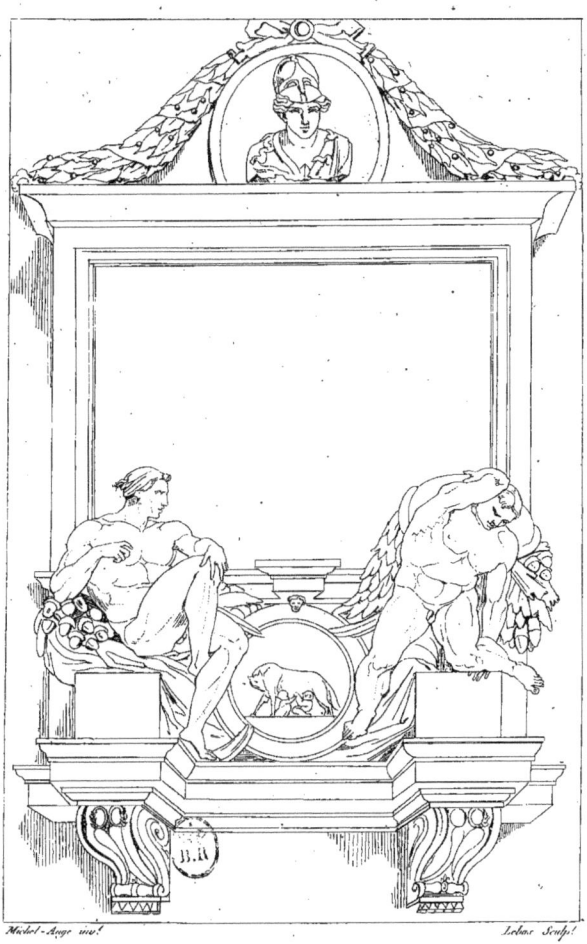

Michel-Ange inv. Lebas Sculp.

TABLE PROVISOIRE

des Planches contenues dans la Première Livraison de l'Œuvre de Michel-Ange.

1. Voûte de la chapelle Sixtine. ——— Pl. octuple.
2. Joël, pendentif de la chapelle Sixtine. ——— Pl. double.
3. Erithraea. — Idem. ——— Idem.
4. Ezéchiel. — Idem. ——— Idem.
5. Persicha. — Idem. ——— Idem.
6. Hieremias. — Idem. ——— Idem.
7. Libica. ——— Idem. ——— Idem.
8. Daniel. ——— Idem. ——— Idem.
9. Cumaea. — Idem. ——— Idem.
10. Esaias. ——— Idem. ——— Idem.
11. Delphica. — Idem. ——— Idem.
12. Jonas et Zacherias. — Idem.
13. Figures dans la voûte de la chapelle Sixtine.
14. Figures. — Idem.
15. Figures. — Idem.
16. Figures. — Idem.
17. Judith coupe la tête à Holopherne. — Idem.
18. David tue Goliath. — Idem.
19. Le Serpent d'airain. — Idem.
20. Un martyr. — Idem.
21. La création d'Adam. — Idem.
22. La création d'Eve. — Idem.
23. Adam et Eve mangent du fruit défendu et sont chassés du Paradis terrestre. — Idem.
24. Adam et Eve après leur désobéissance.
25. Adam et Eve pleurant la mort d'Abel.
26. Le Déluge.
27. Le Serpent d'airain. *
28. Etude pour le Serpent d'airain.
29. Deux Femmes au bain.
30. Les Grimpeurs : faisant partie du carton du tableau du siége de Pavie.
31. Le Songe de la vie humaine.
32. S. Cosme. — La Vierge. — S. Damien. Sculptures du tombeau des Médicis, de l'église de Saint-Laurent.
33. Prométhée.
34. Apollon écorche Marsyas.
35. La chûte de Phaëton.
36. L'enlèvement de Ganymède.
37. Léda. — Vénus et l'Amour.
38. Bacchanale. ——— Pl. double.
39. L'Annonciation.
40. La Sainte Famille.
41. La Sainte Famille. *
42. La Samaritaine.
43. Jésus au Jardin des Olives.
44. Le Christ flagellé. — S. Sébastien.
45. Le Christ en Croix.
46. Le Christ descendu de la Croix.
47. Le Christ descendu de la Croix.*
48. Le Christ mort sur les genoux de la Vierge.
49. Le Christ mort sur les genoux de la Vierge. * — Le Christ tenant sa Croix.
50. Le Christ mort, au pied de la Croix.
51. Le Christ au tombeau.
52. Le Christ au tombeau. *
53. S. Jérôme.
54. S. Jérôme dans le Désert.

Fin de la Table provisoire de la Première Livraison.

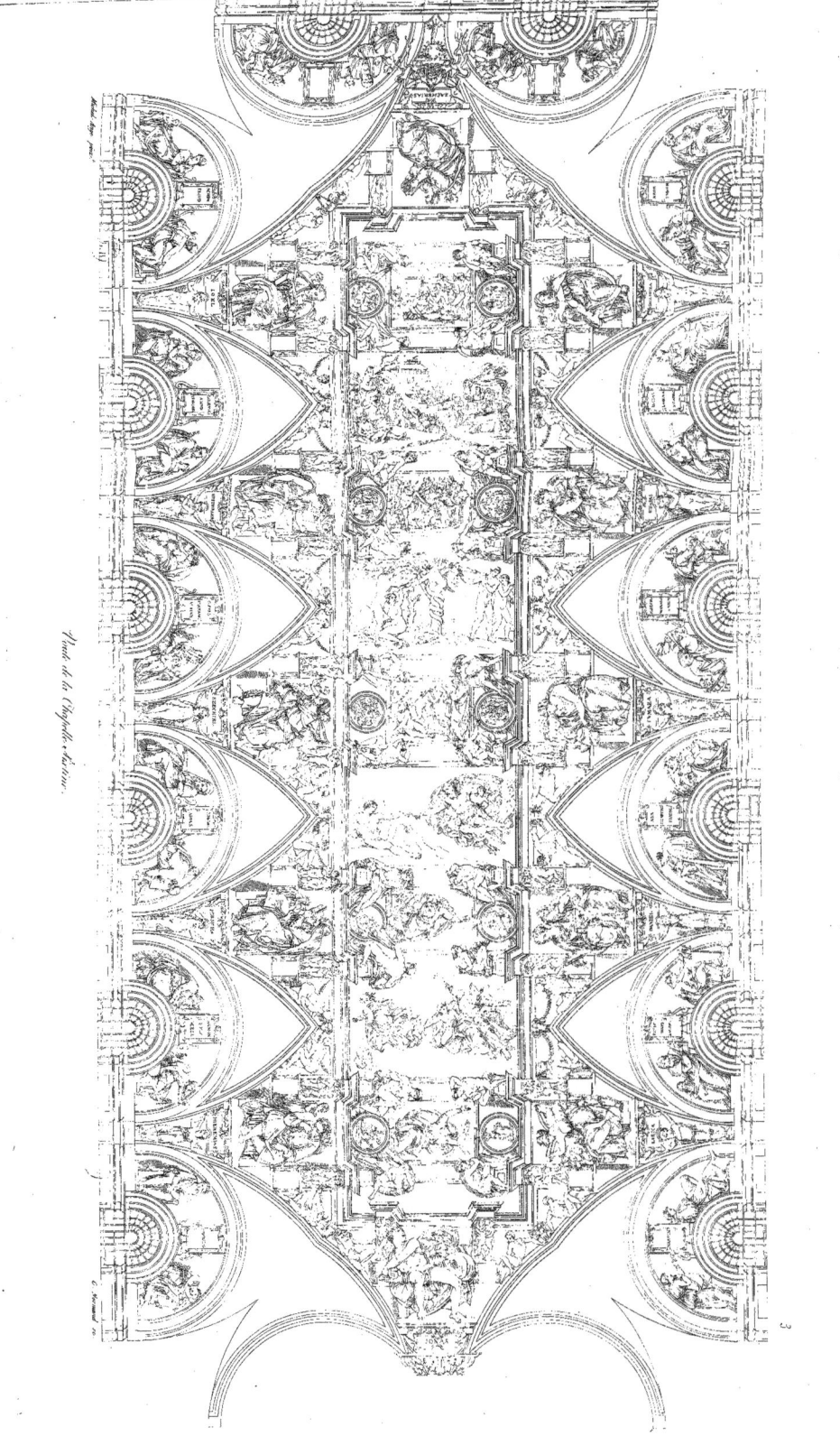

Fond de la Chapelle Sixtine.

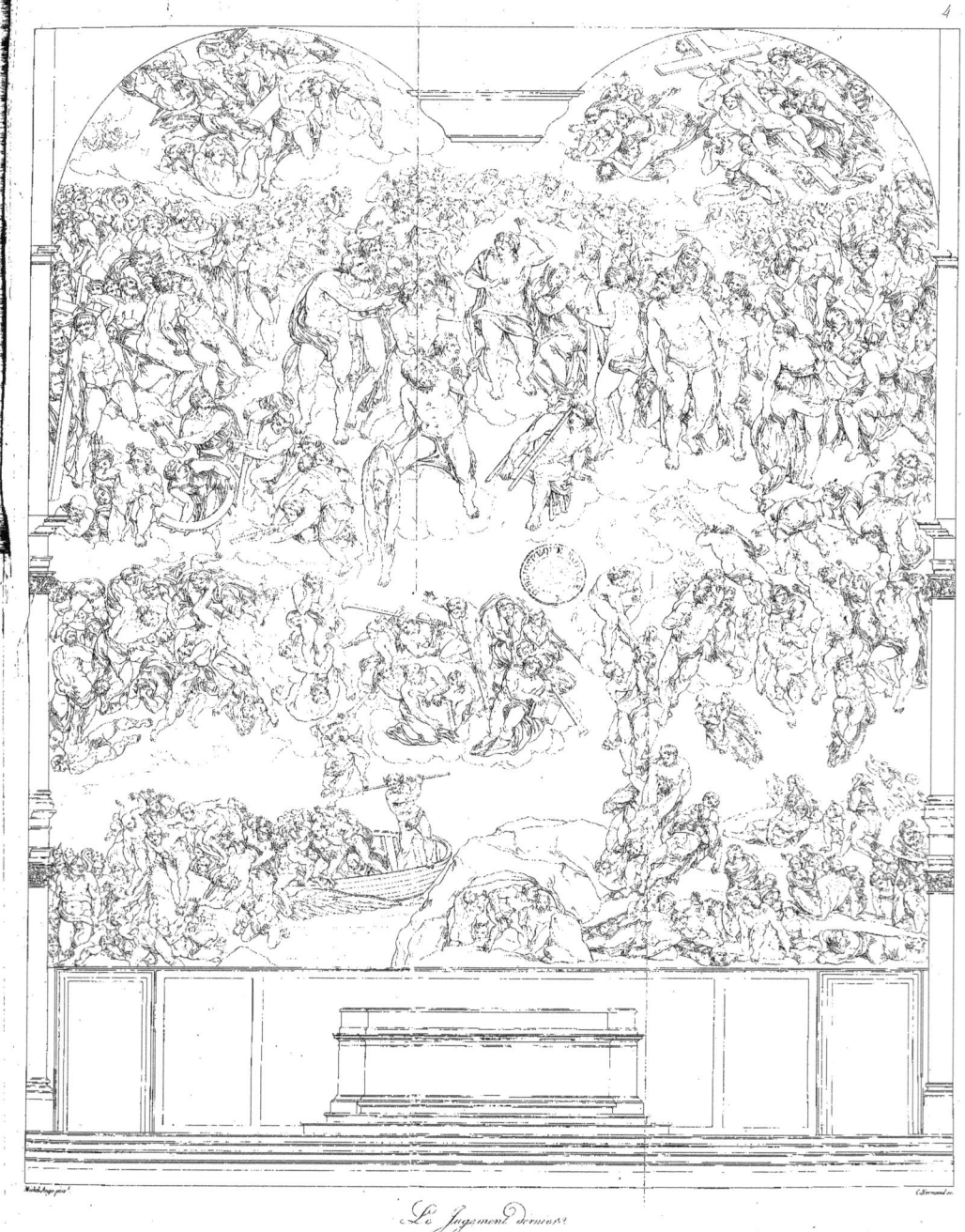

Le Jugement dernier

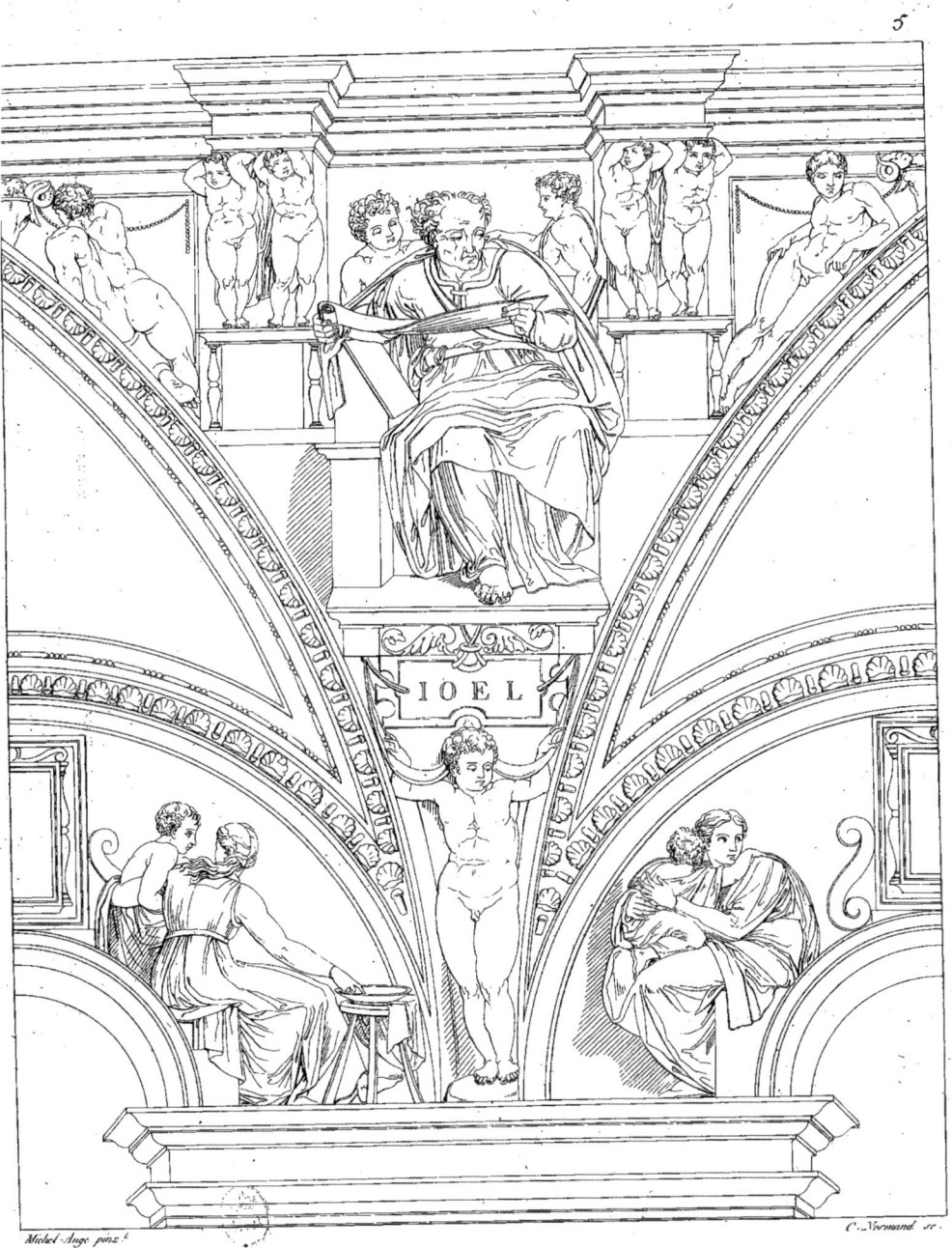

Pendentif de la Chapelle Sixtine N.º 1.

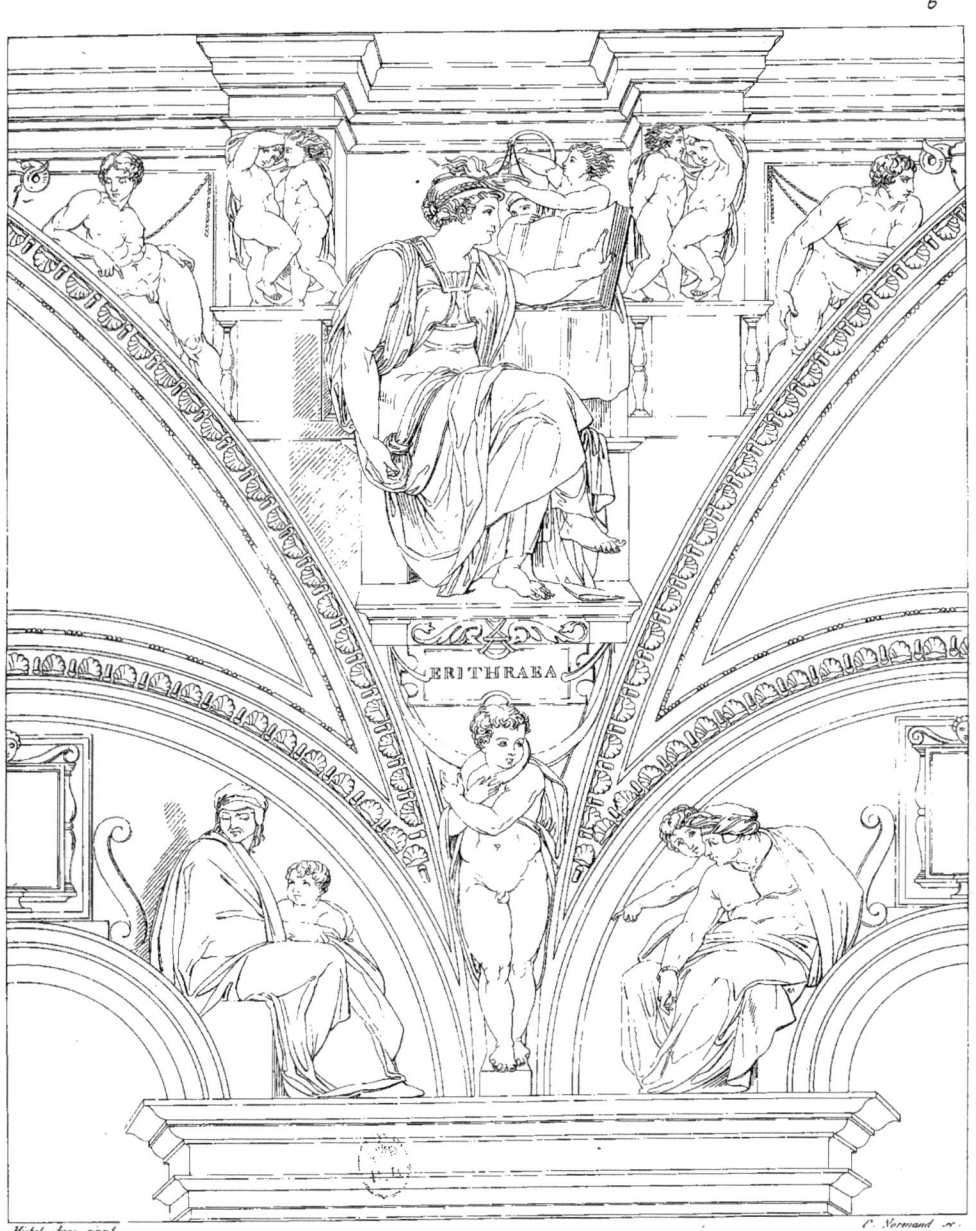

Pendentif de la Chapelle Sixtine N.º 2.

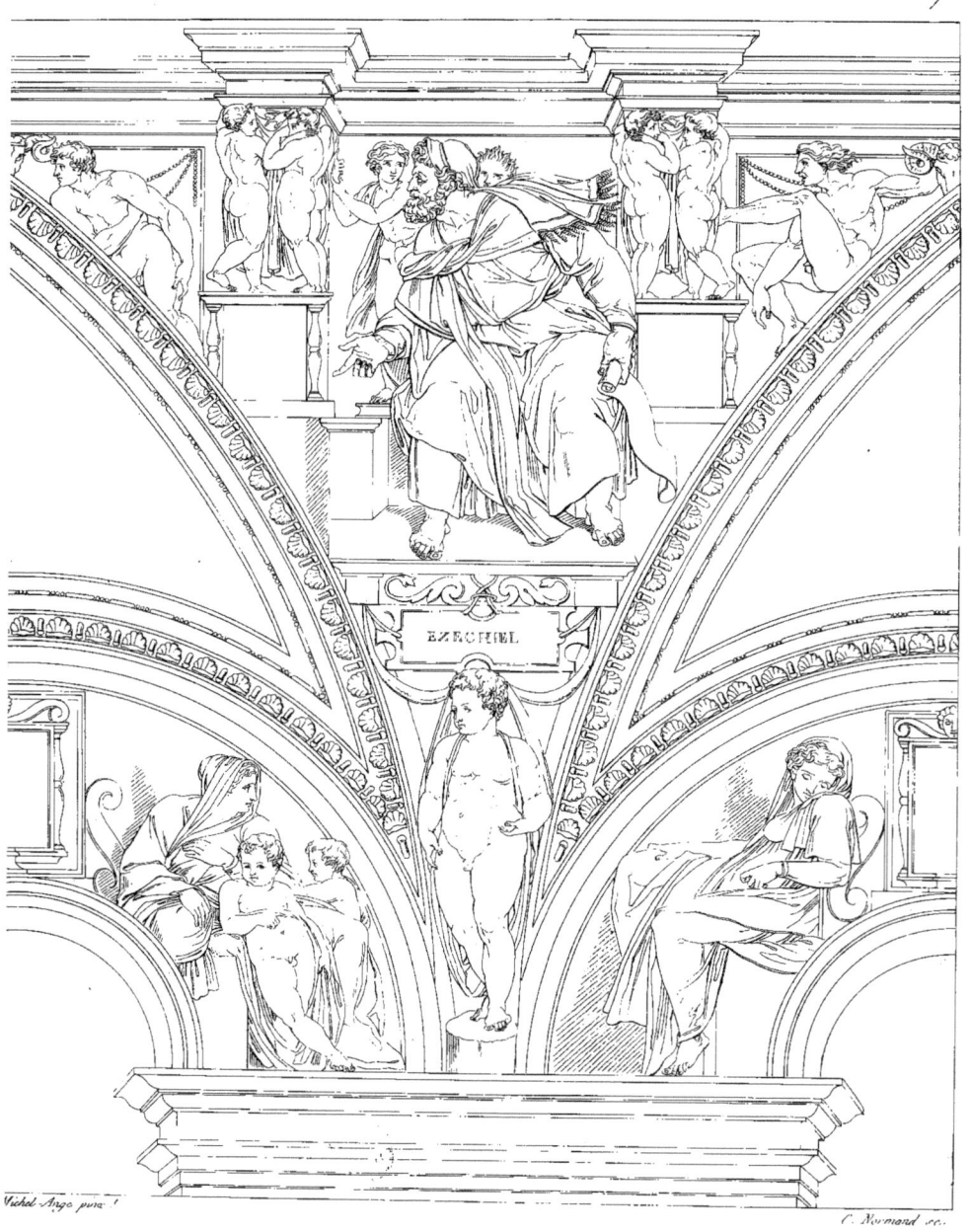

Pendentif de la Chapelle Sixtine N.º 3.

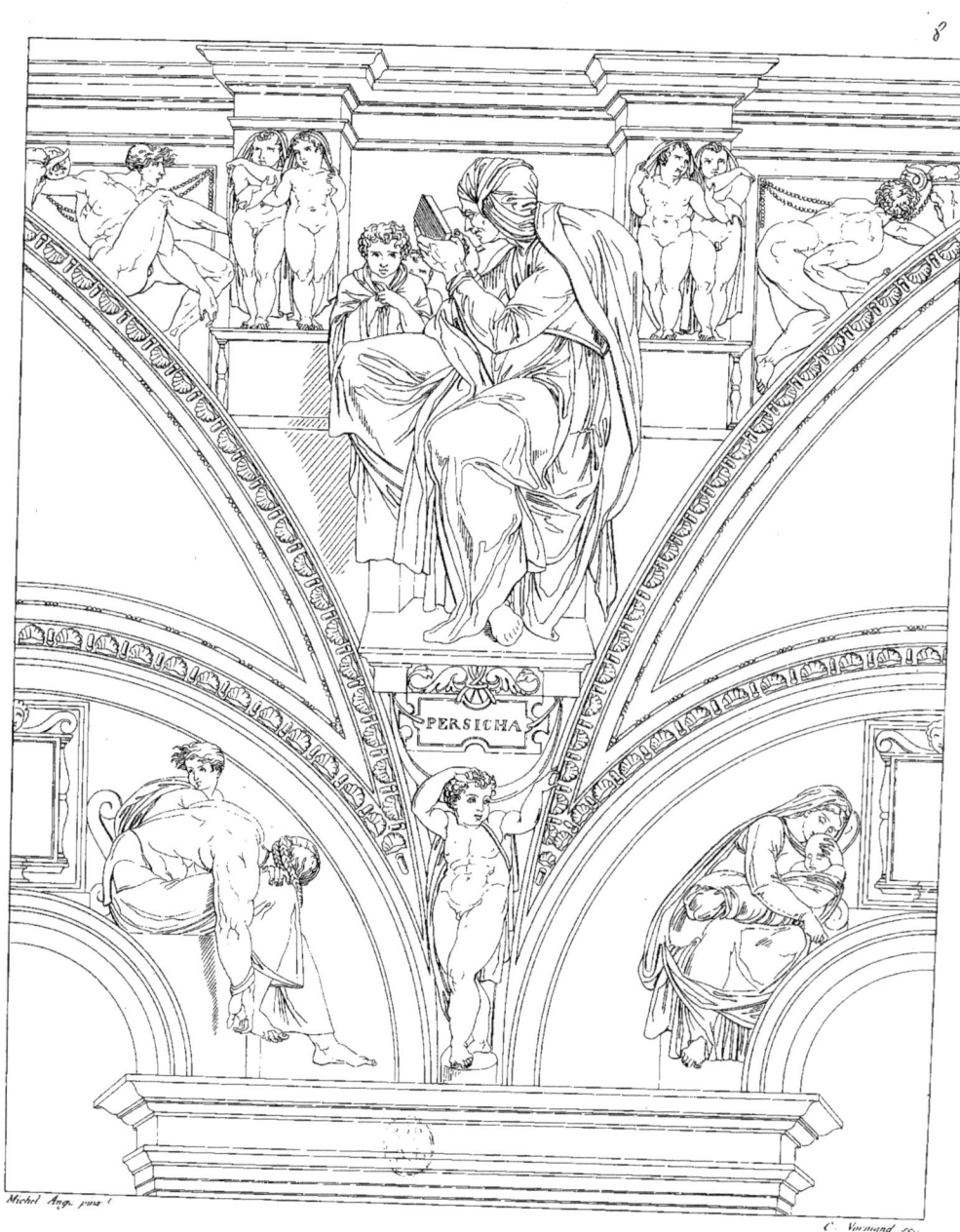

Pendentif de la Chapelle Sixtine. N° 4.

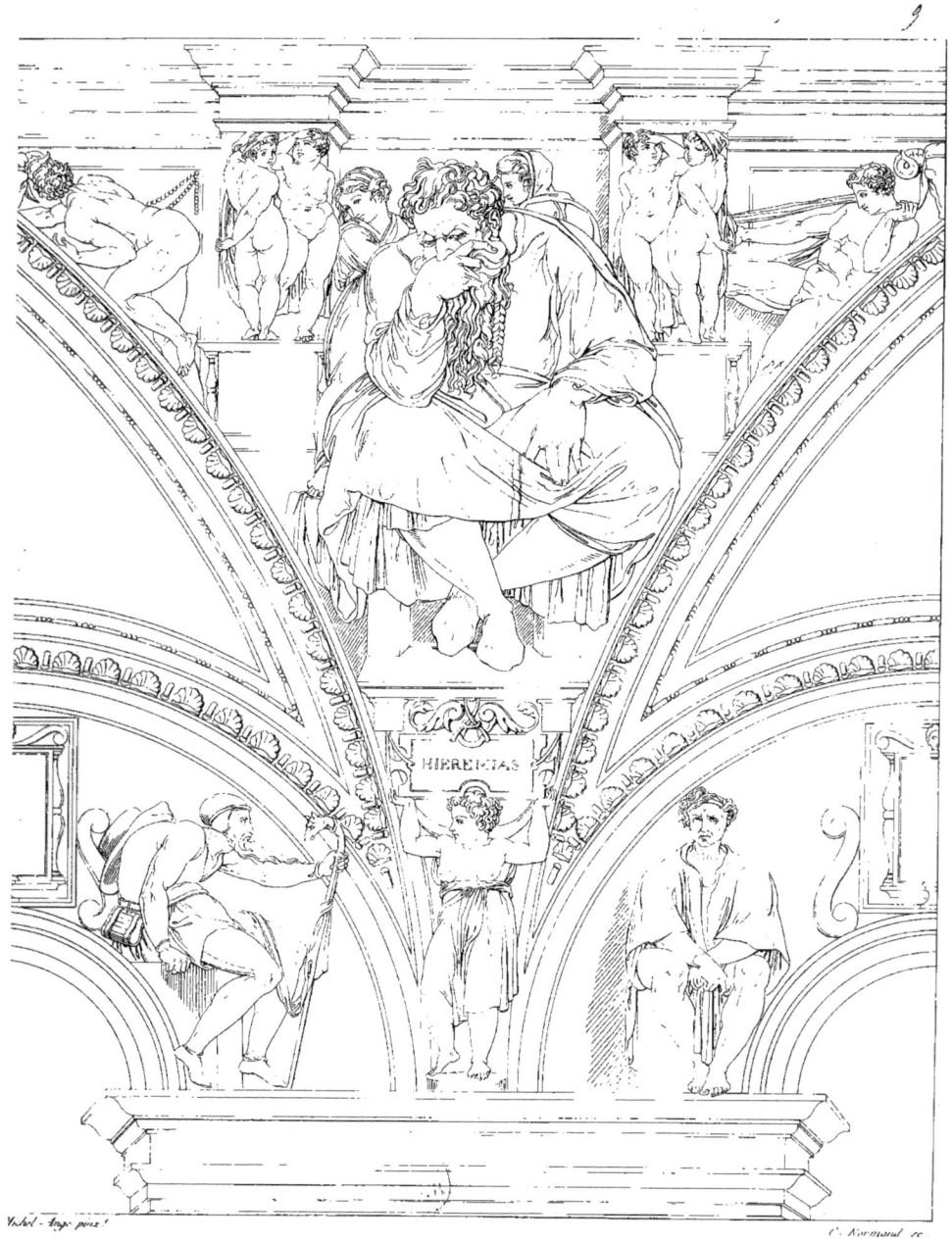

Pendentif de la Chapelle Sixtine N.º 5.

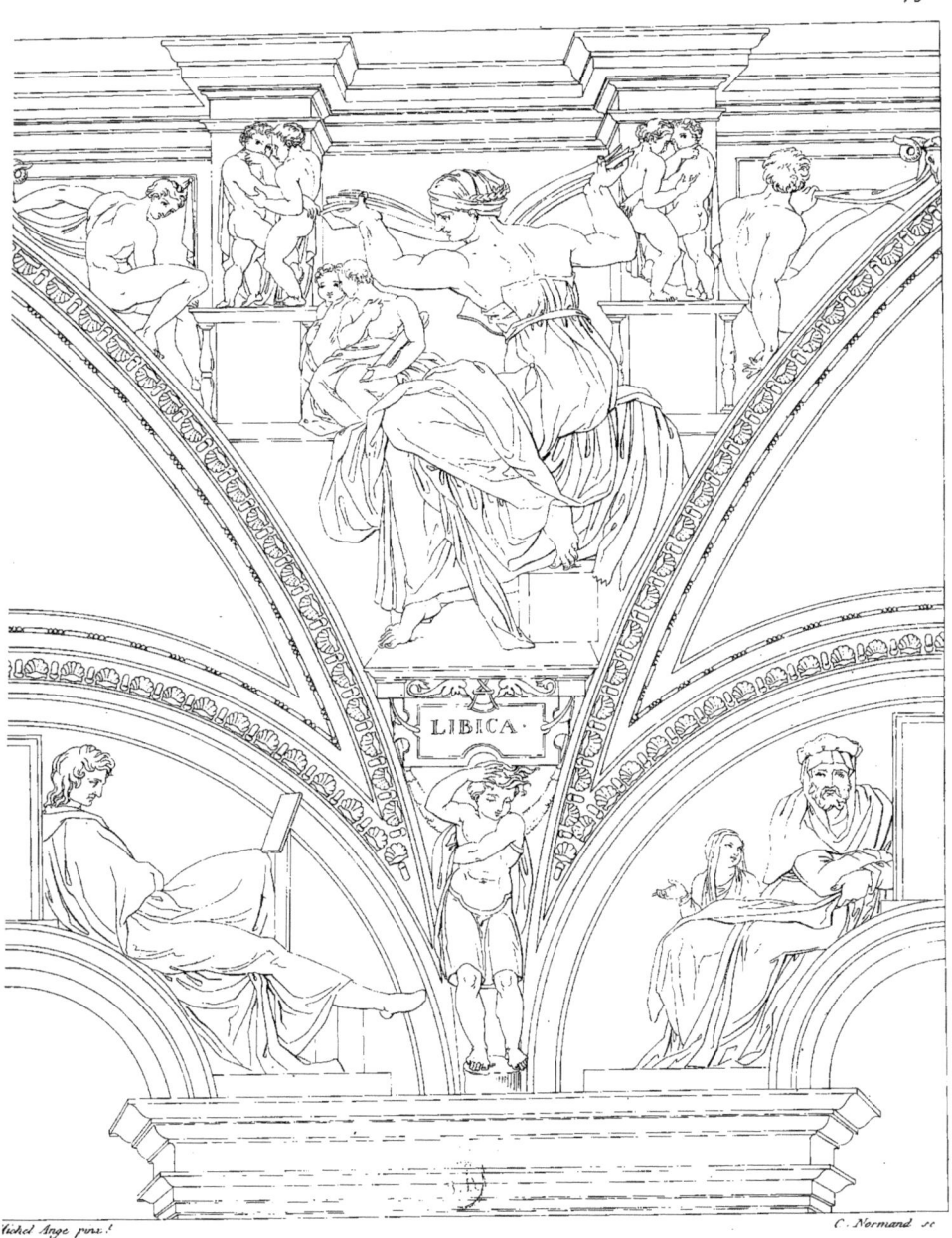

Pendentif de la Chapelle Sixtine N.º 7.

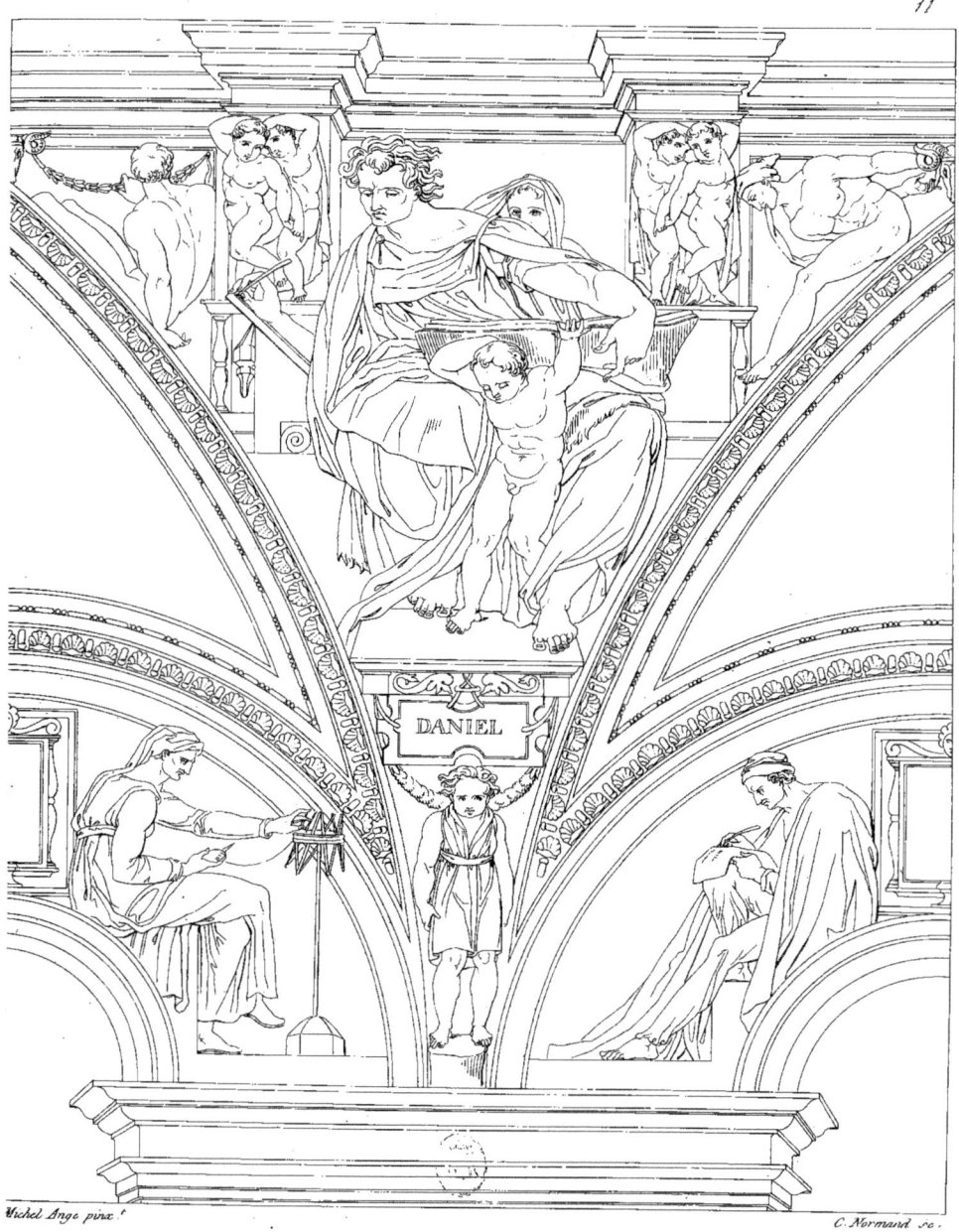

Pendentif de la Chapelle Sixtine N° 8.

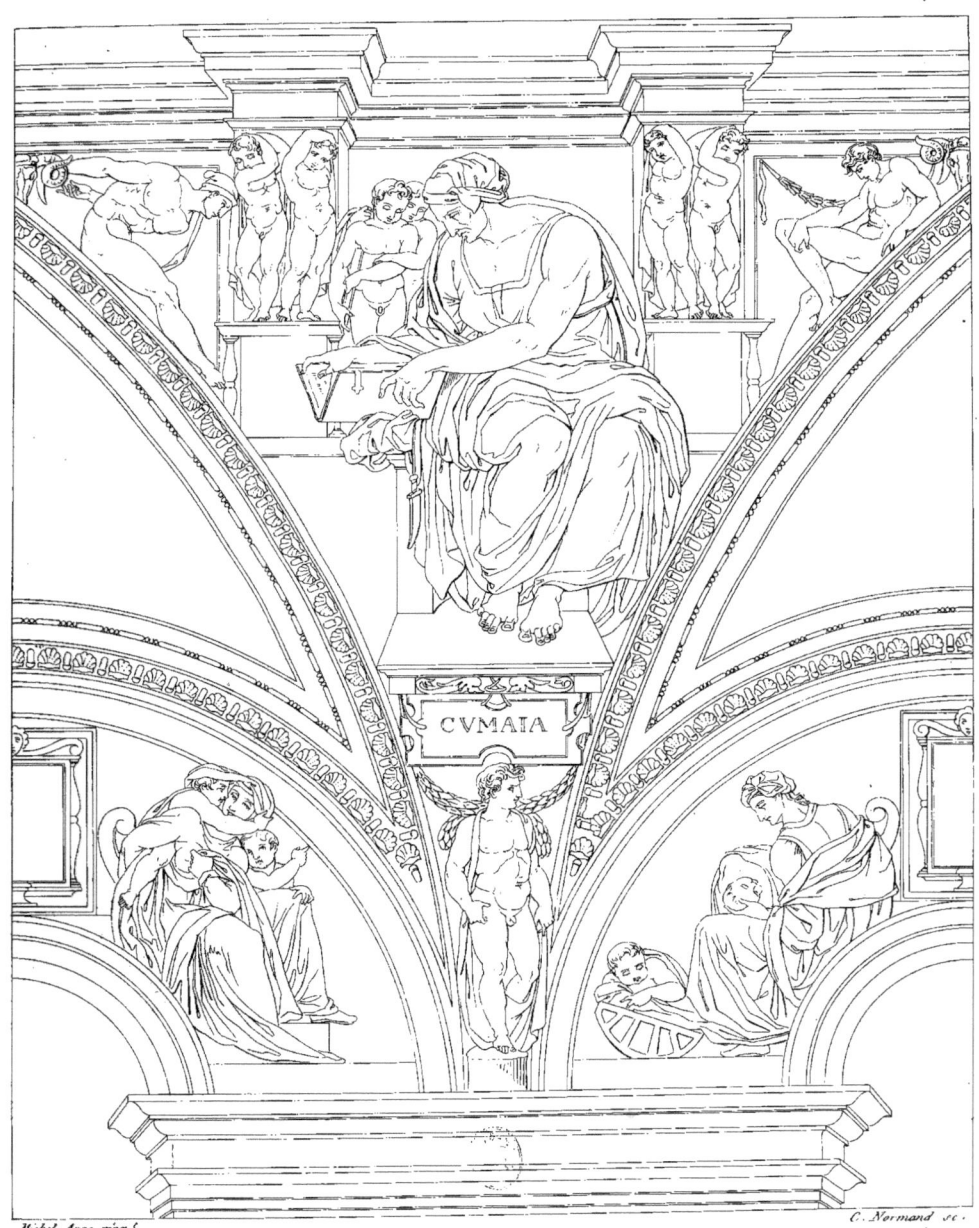

Pendentif de la Chapelle Sixtine N.º 9.

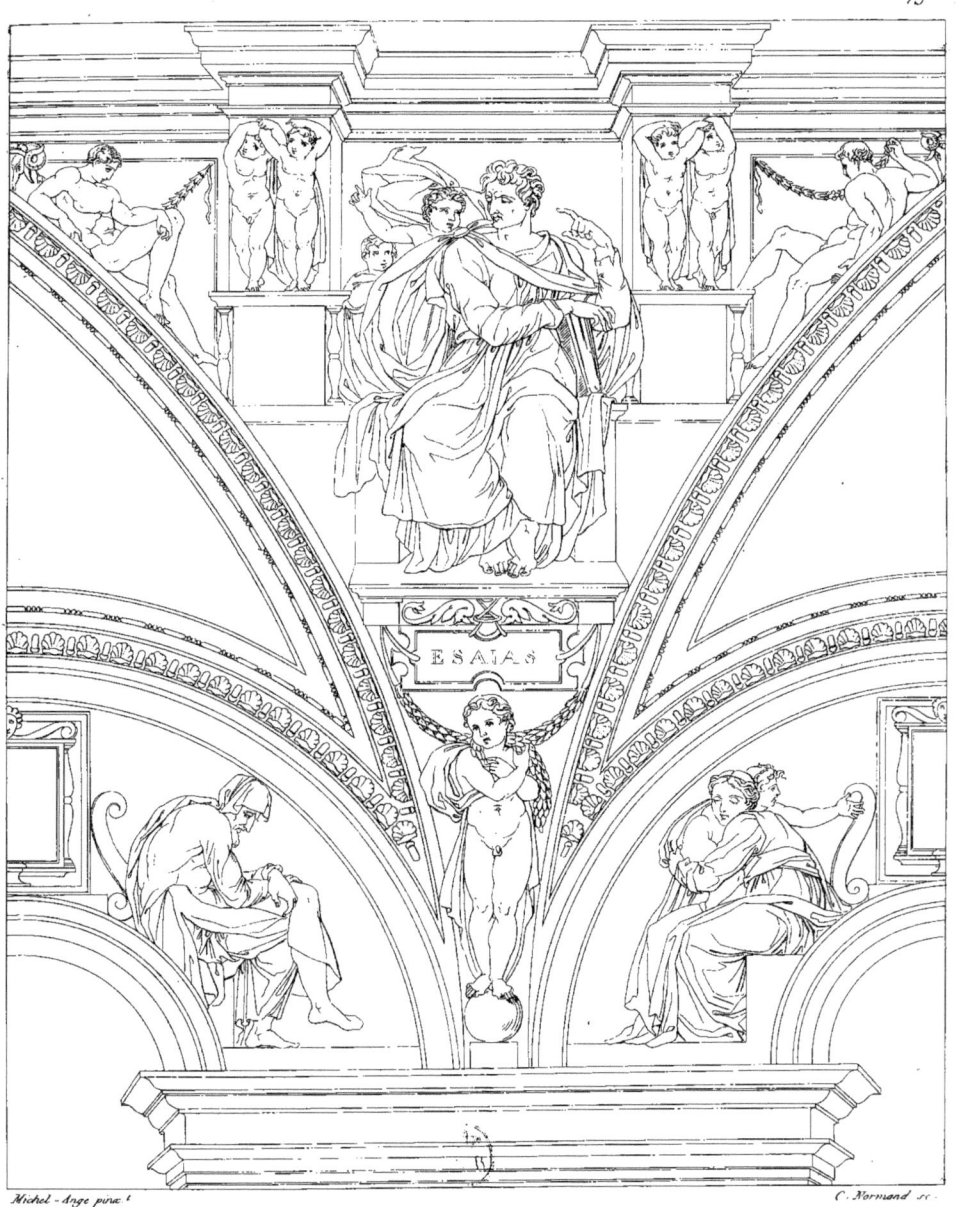

Pendentif de la Chapelle Sixtine N° 10.

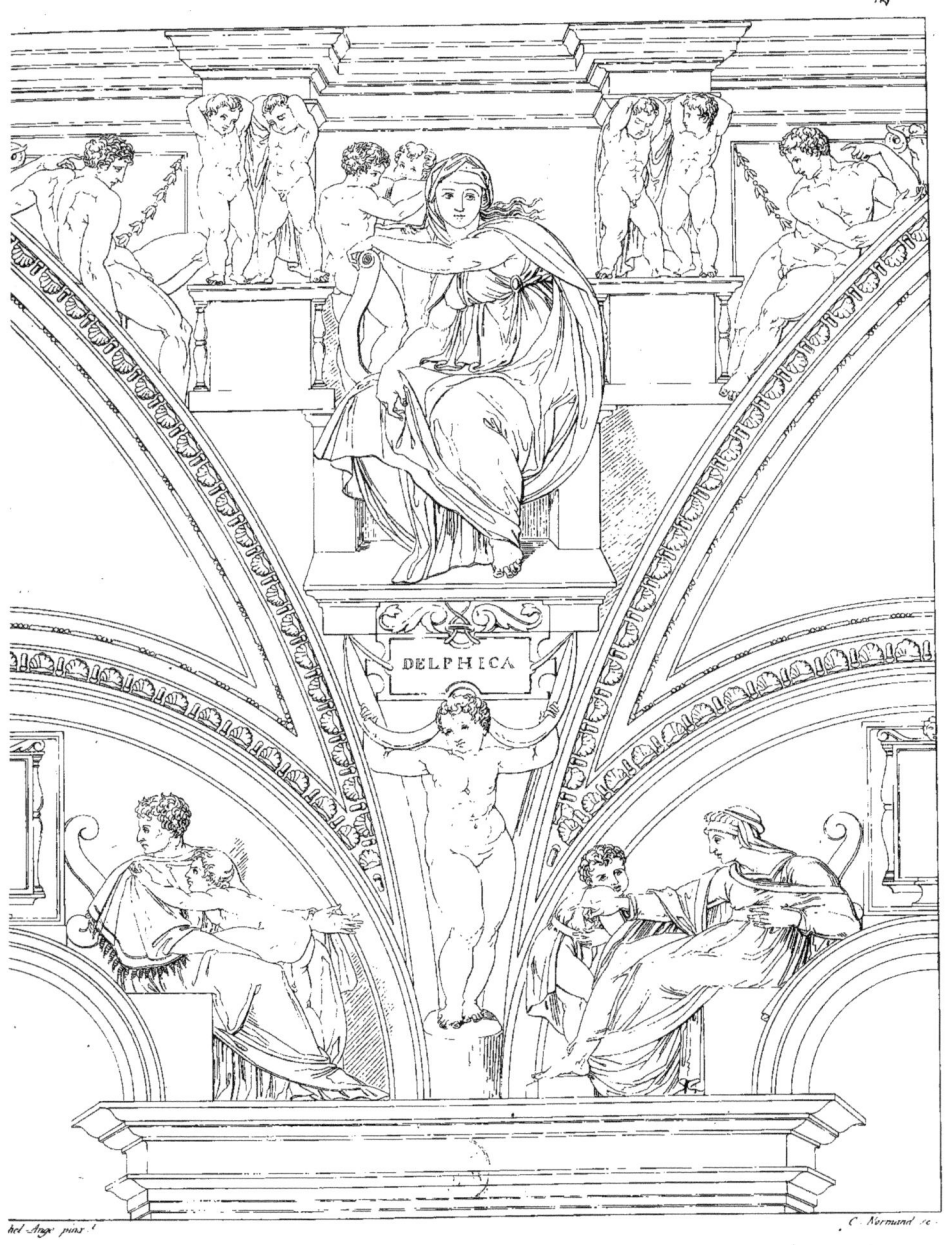

Pendentif de la Chapelle Sixtine N.º 11.

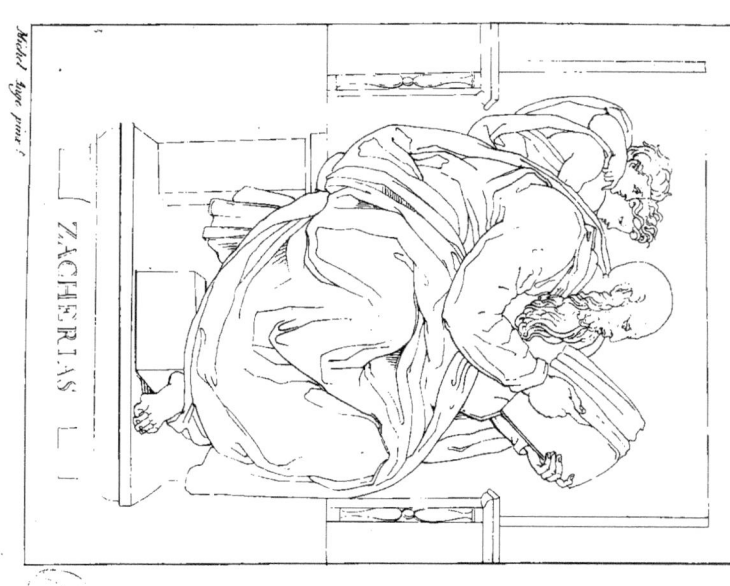

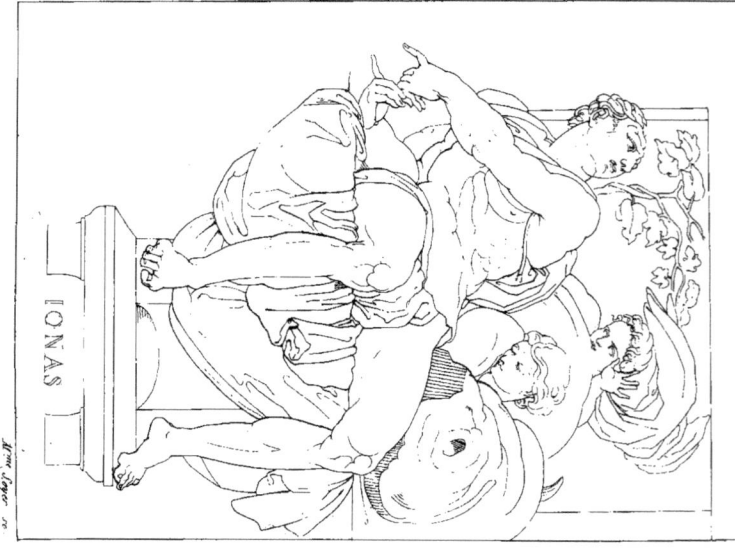

Rendu exact des deux fonds de la Chapelle Sixtine.

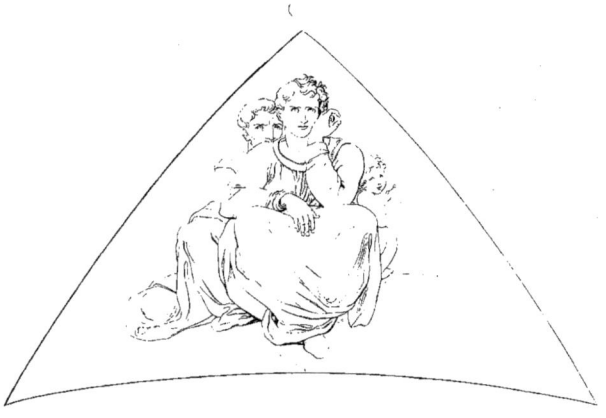

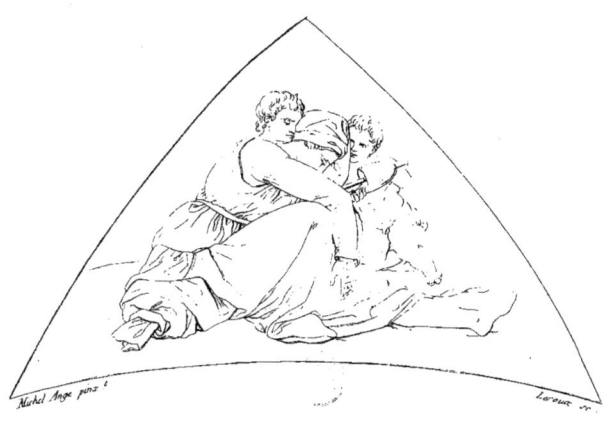

Figures dans la Voute de la Chapelle Sixtine.

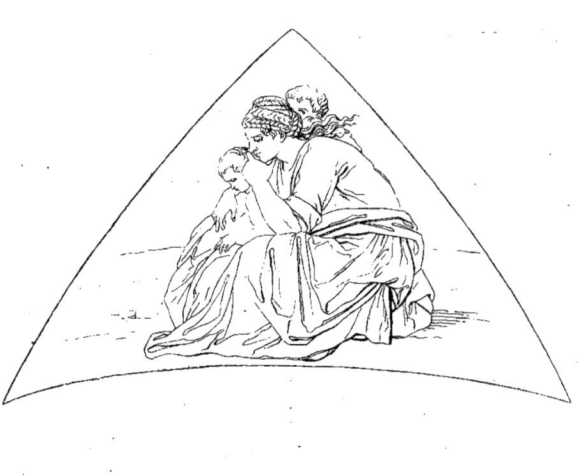
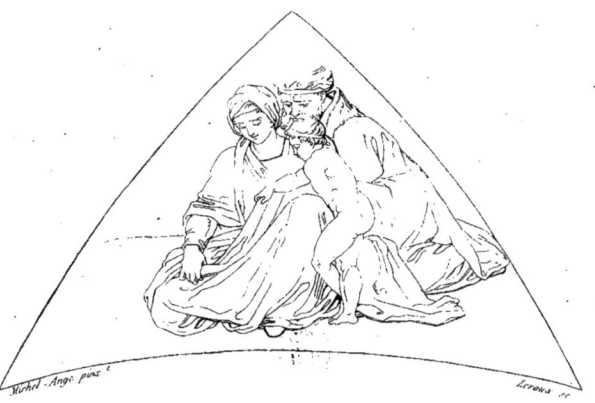

Figures dans la Voute de la Chapelle Sixtine.

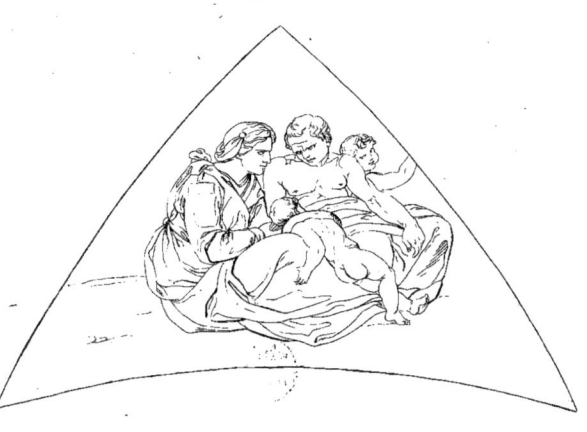

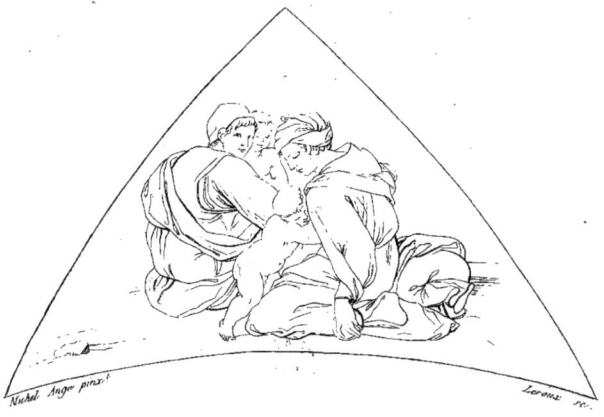

Figures dans la Voute de la Chapelle Sixtine.

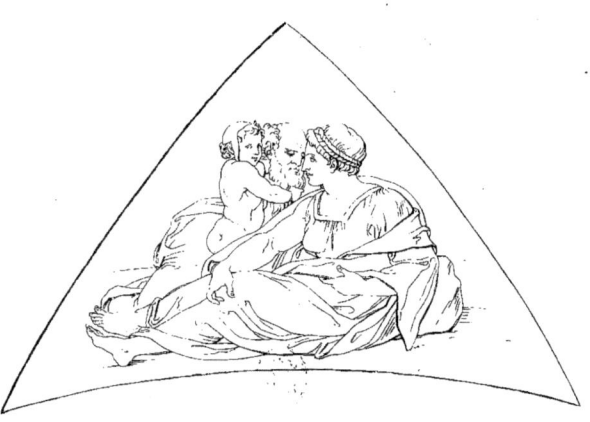

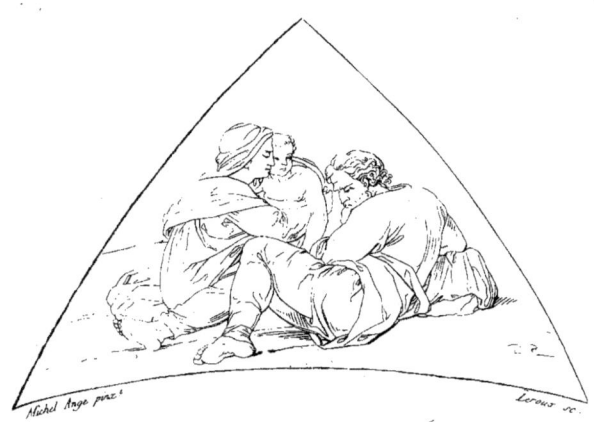

Figures dans la voute de la Chapelle Sixtine

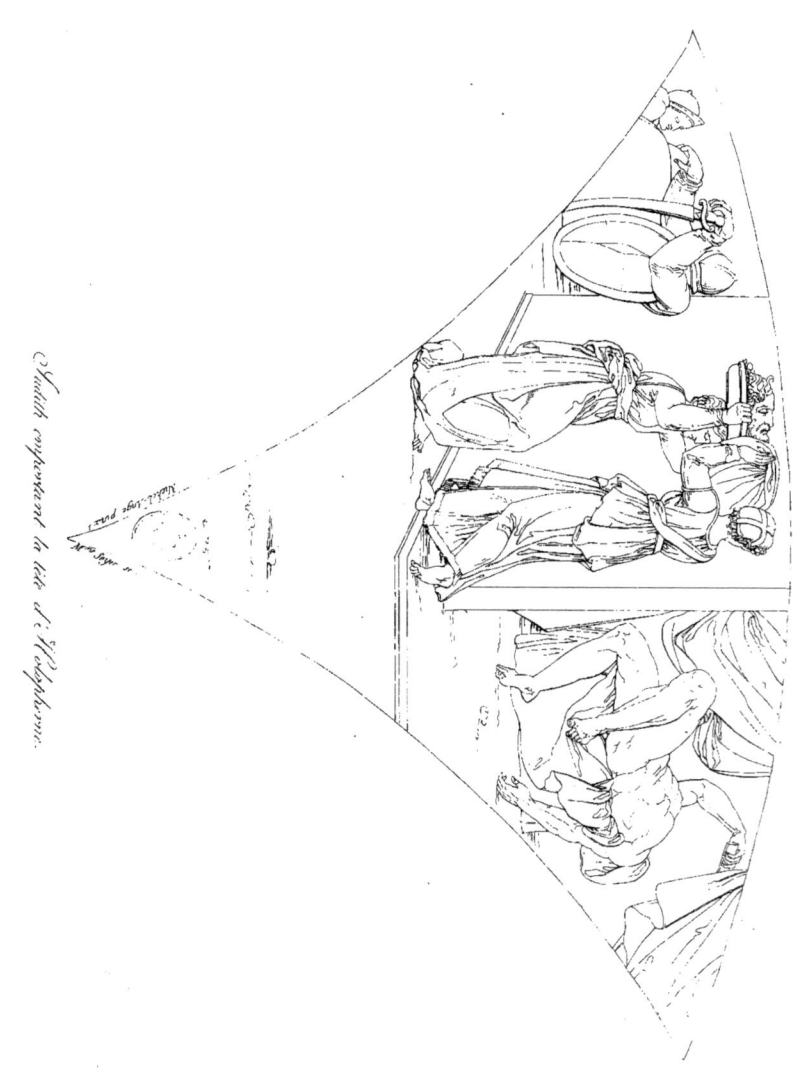

Judith emportant la tête d'Holopherne.

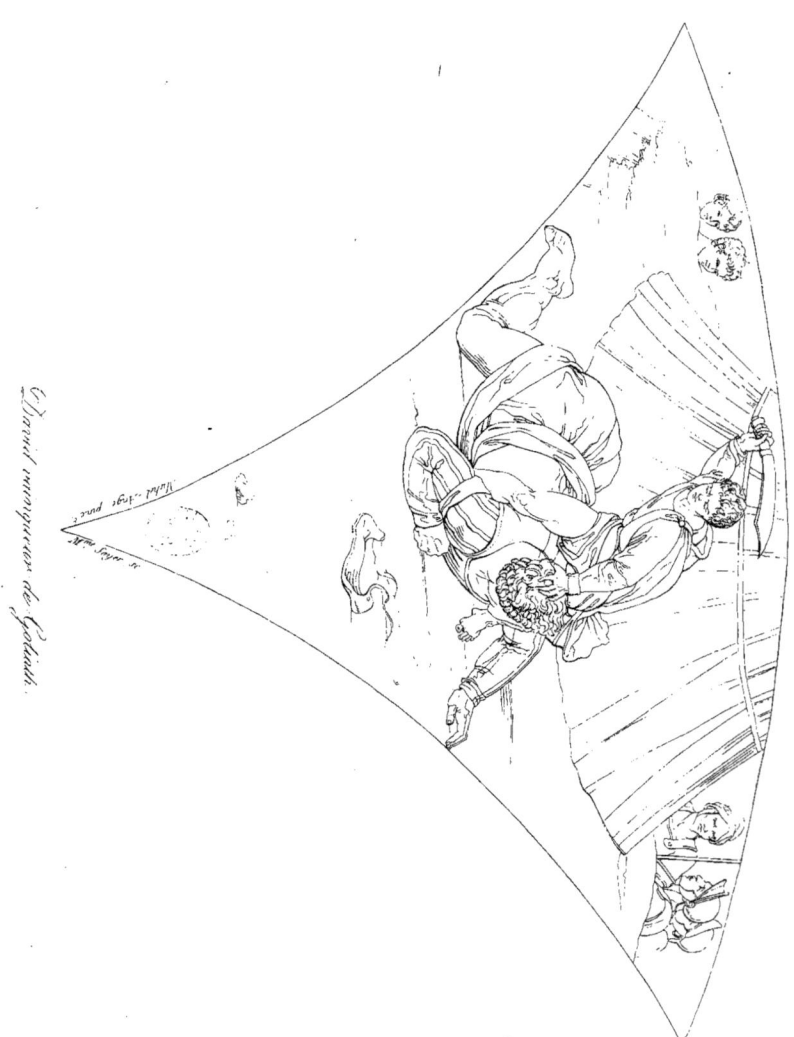

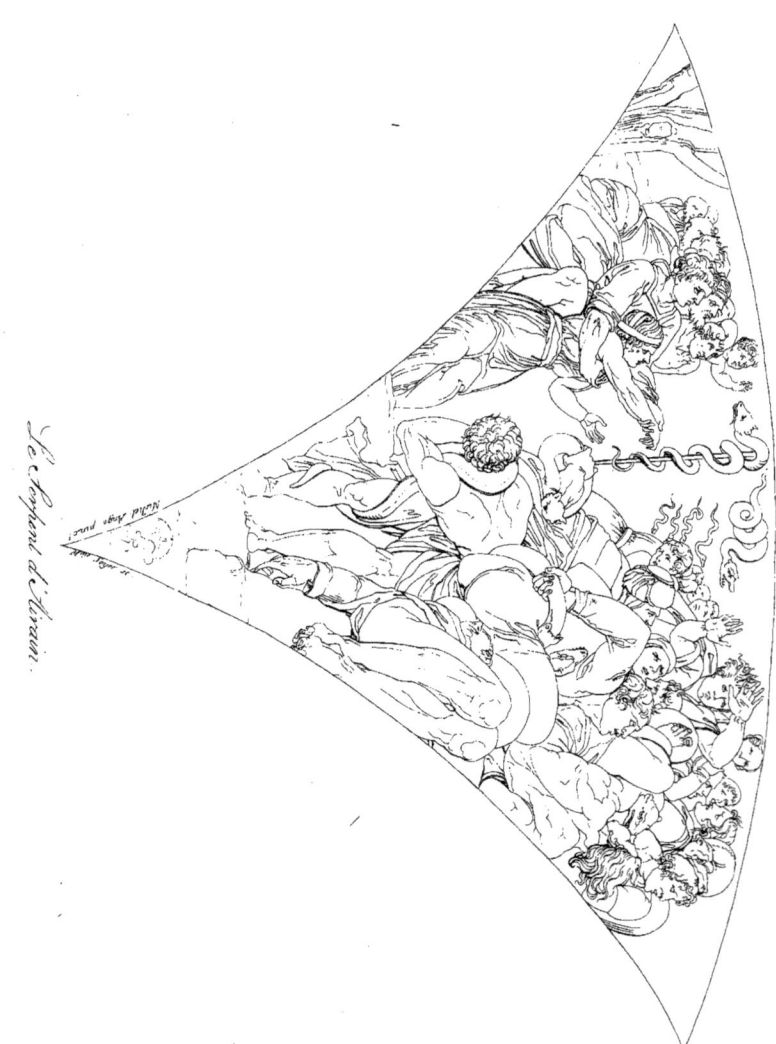

Le Serpent d'airain.

Michel Ange pinx.

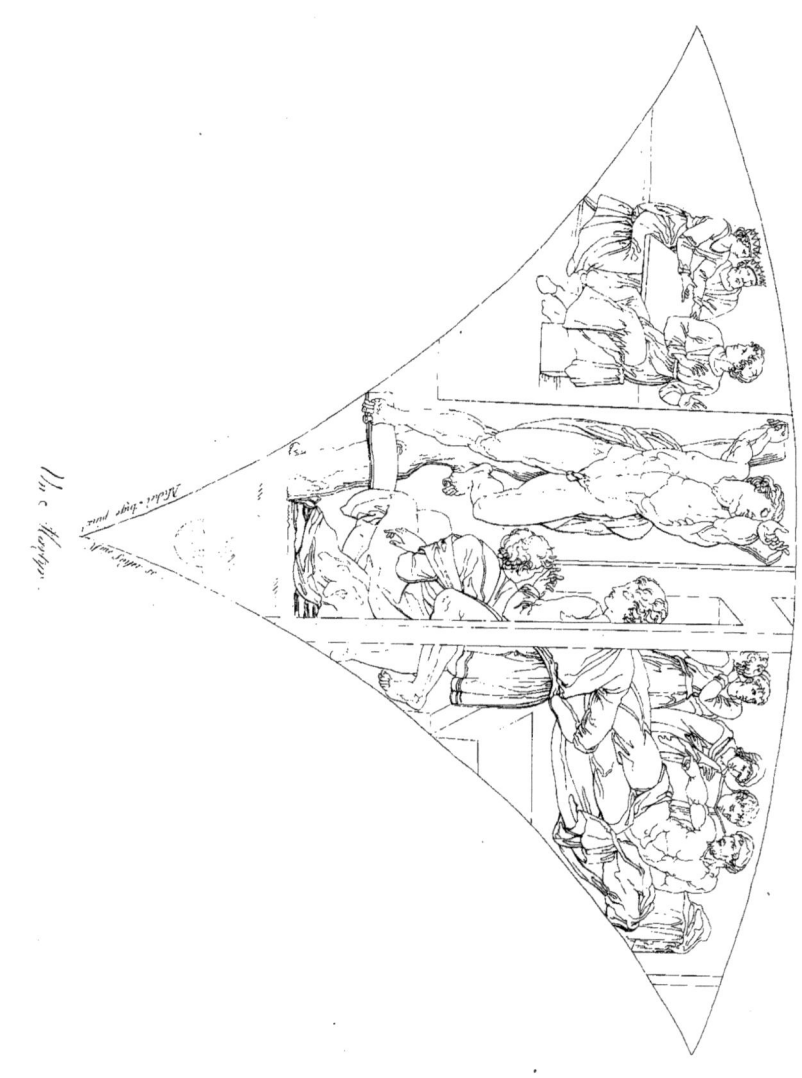

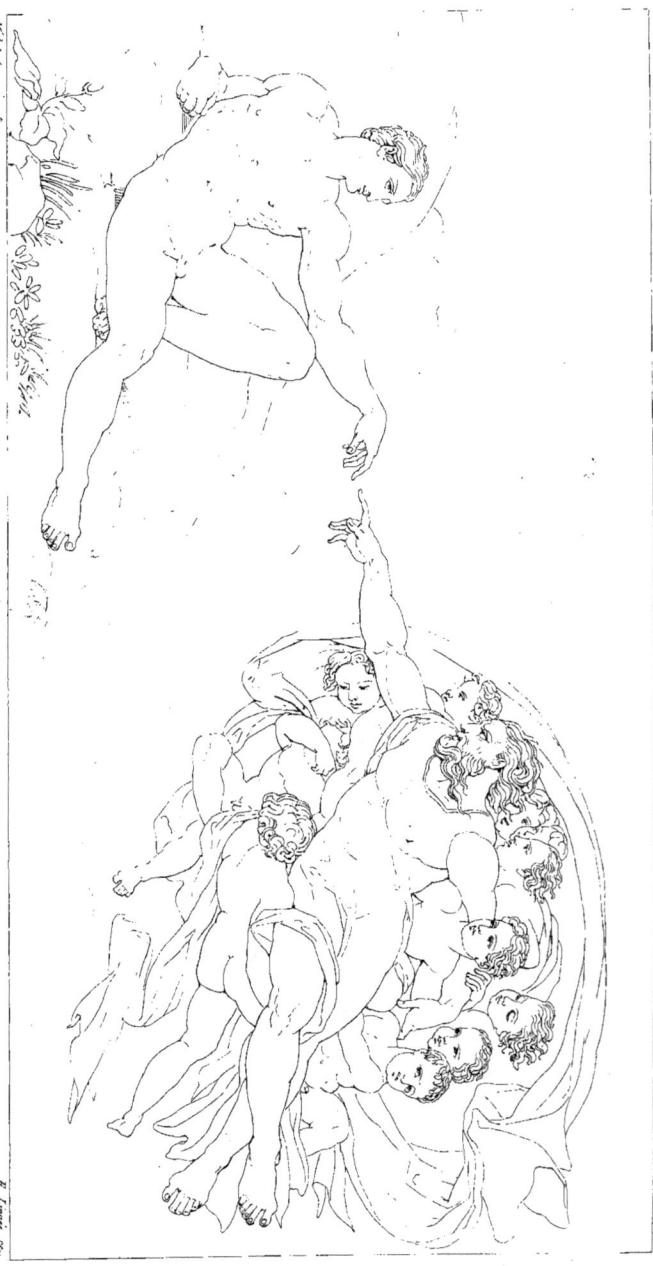

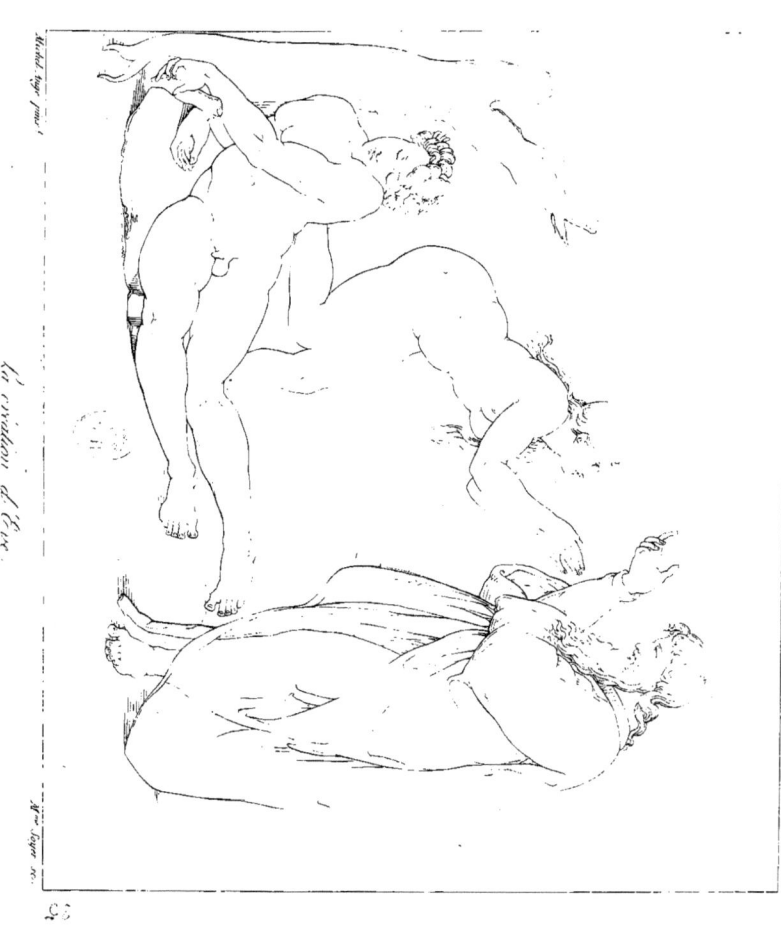

La création d'Ève.

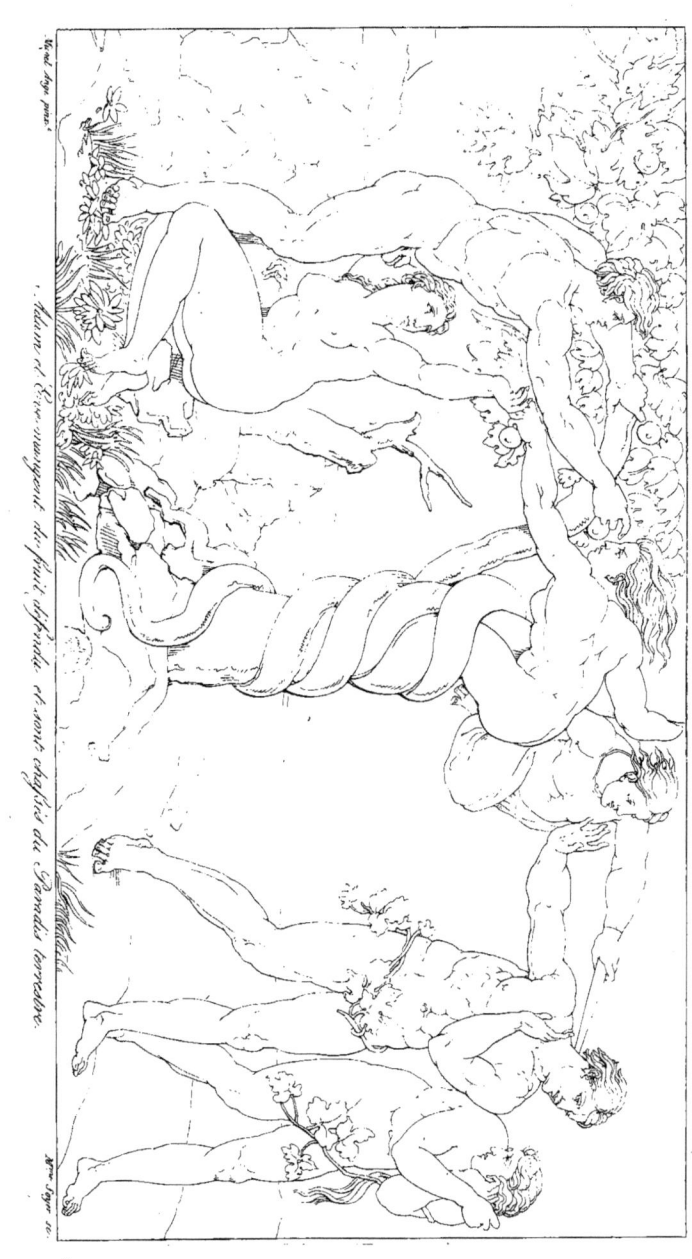

Adam et Ève mangeant du fruit defendu, et sont chassés du Paradis terrestre.

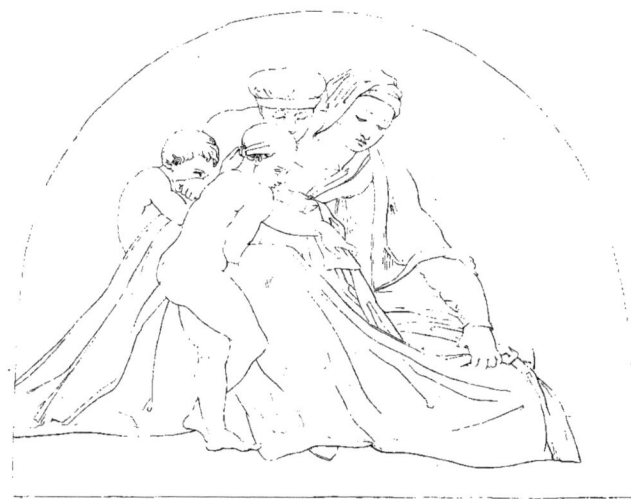

Fragment de la Chapelle Sixtine.

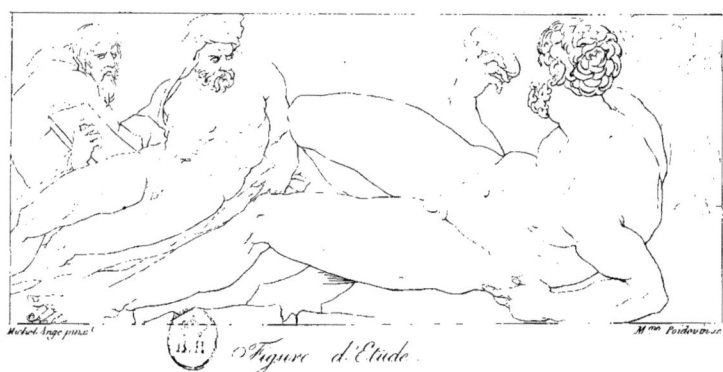

Figure d'Etude.

Michel Ange pinx.t   *Hercule terrassant un Centaure*

M.me Soyer sc.   *Étude du Tableau de S. Acre*

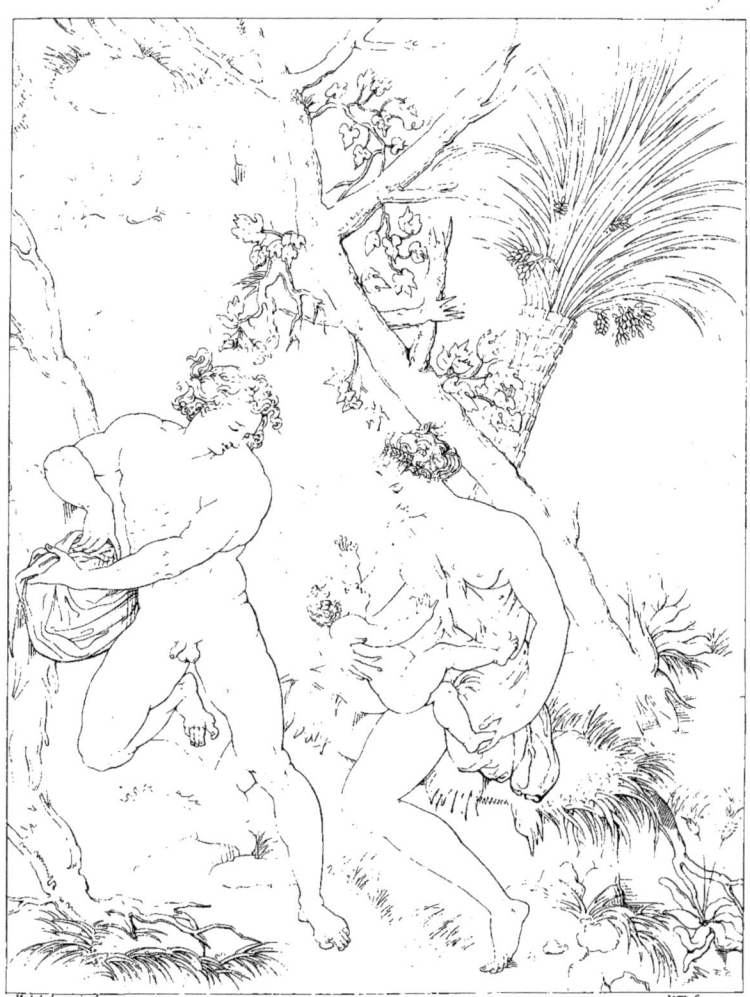

Adam et Ève après leur désobéissance.

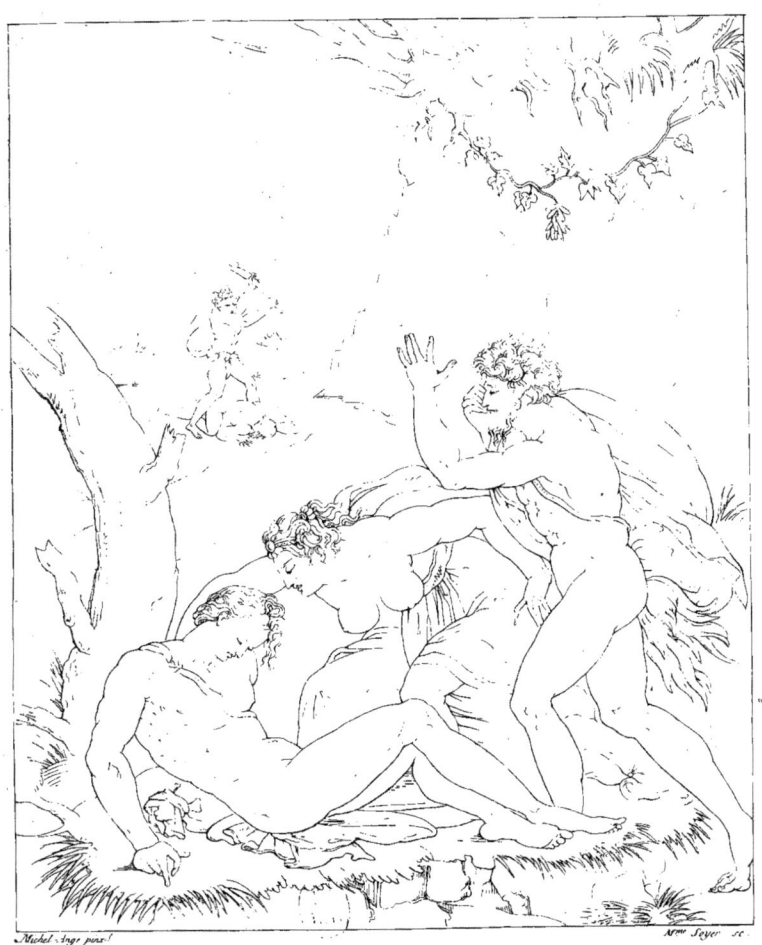

Adam et Eve pleurant la mort d'Abel

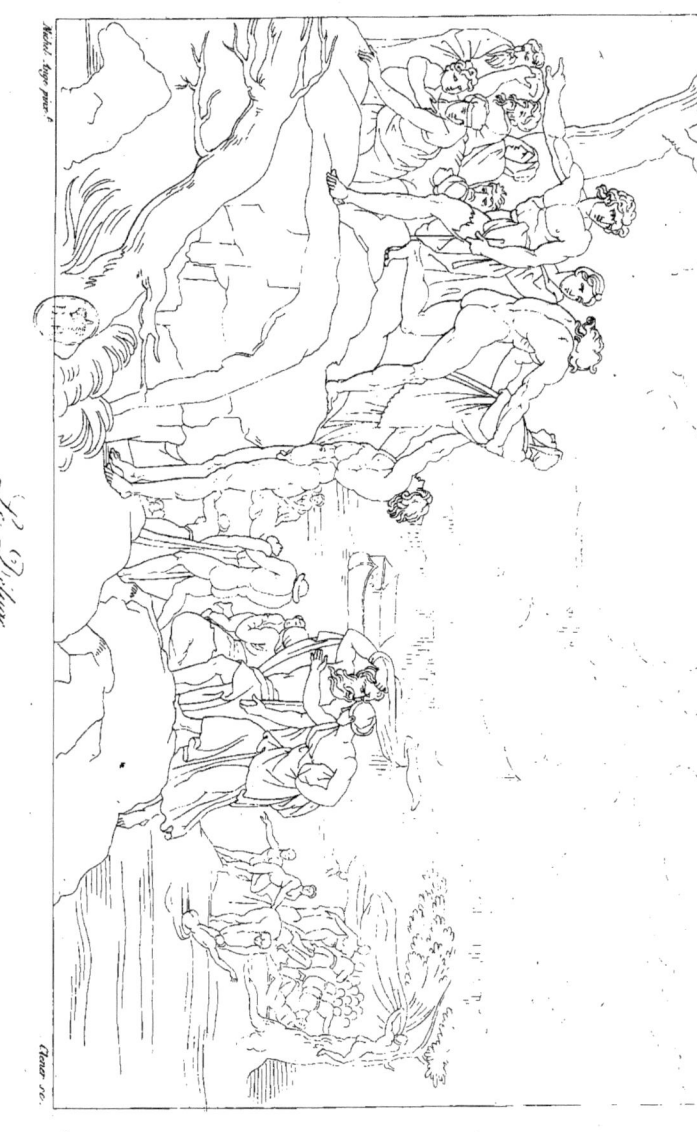

Le Déluge

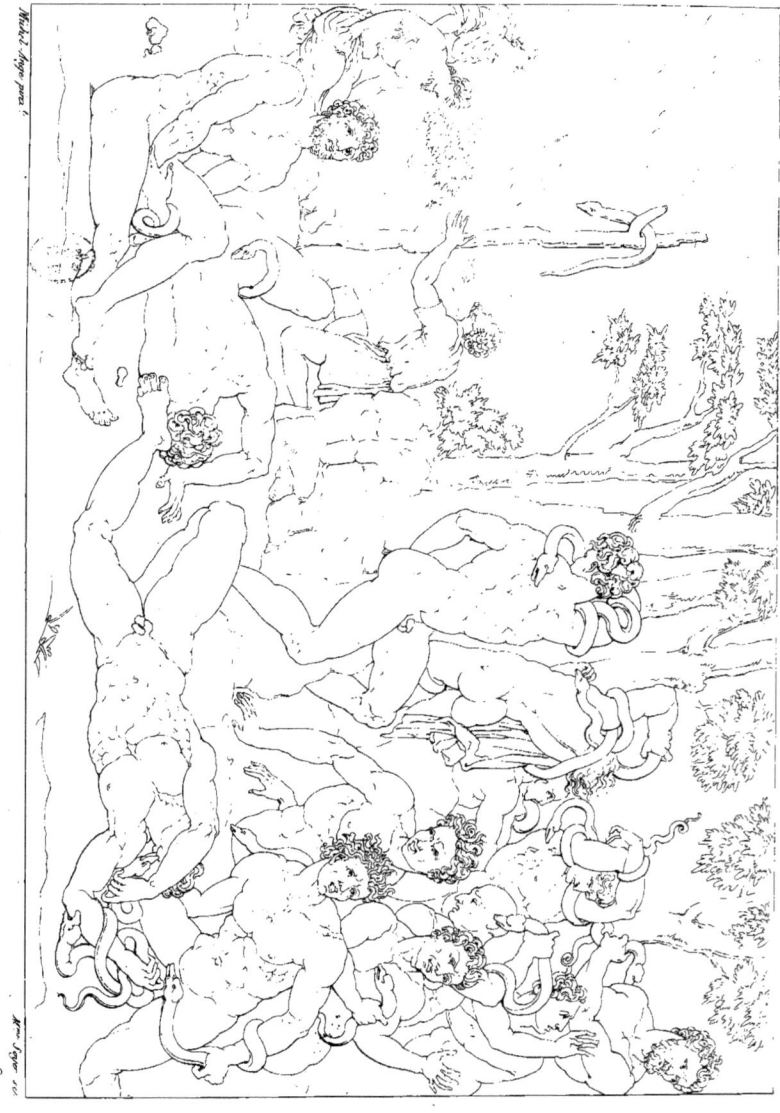

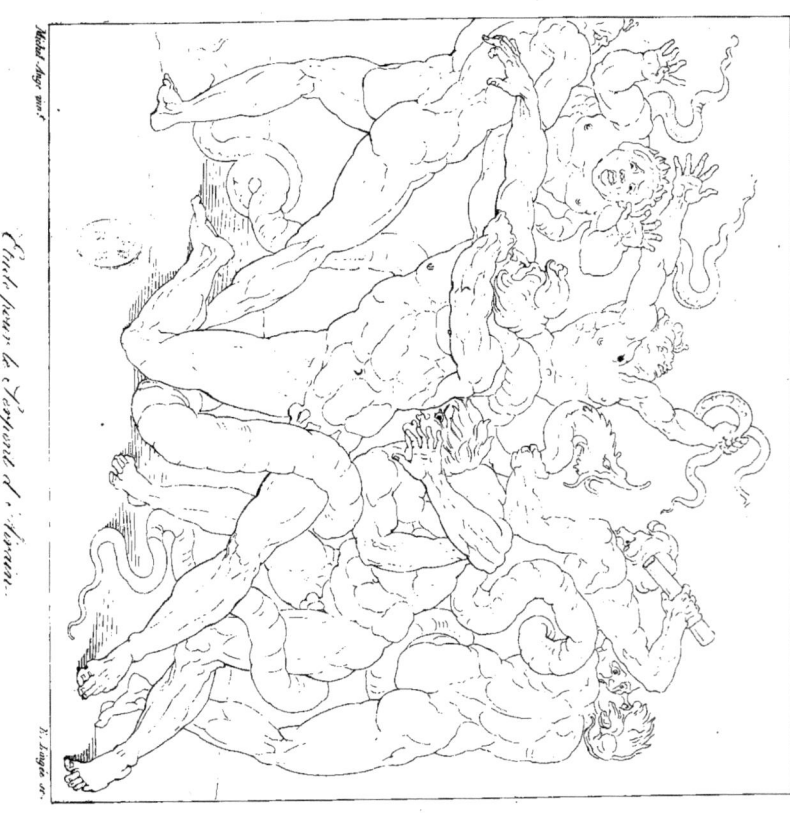

Michel Ange inv.   Étude pour le Jugement dernier.   E. Lingée sc.

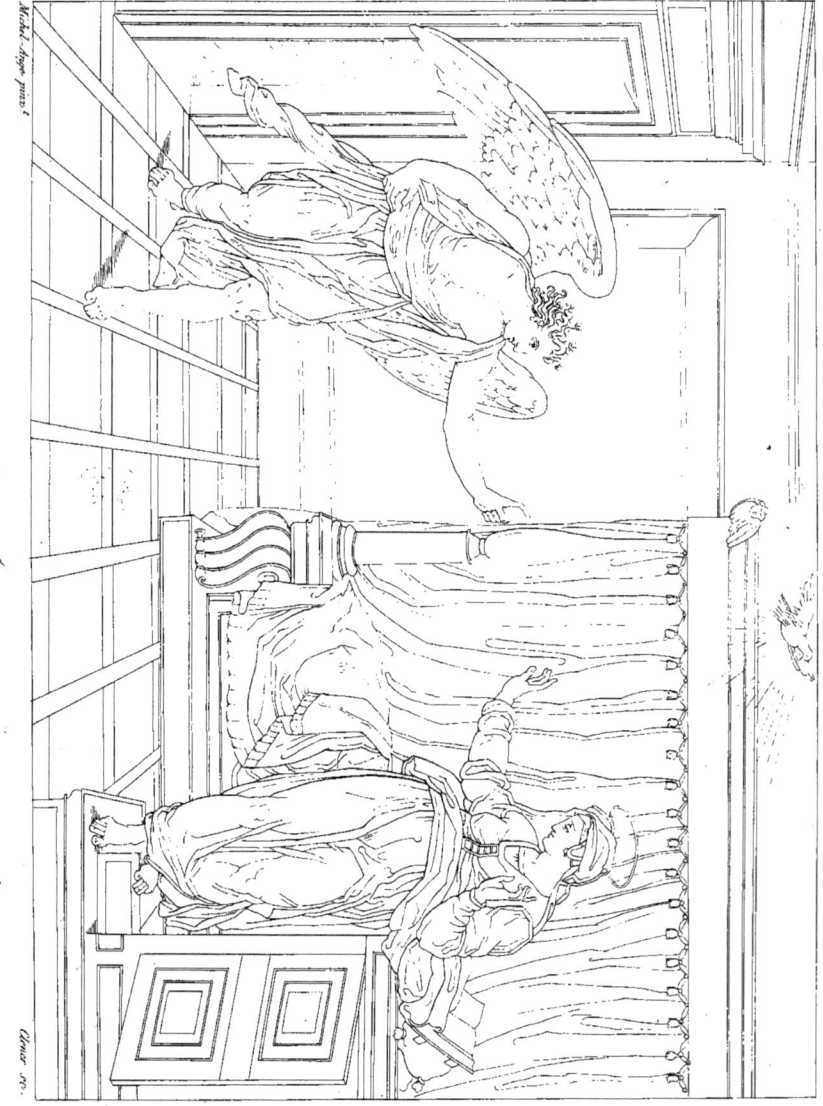

L'Adoration des Bergers.

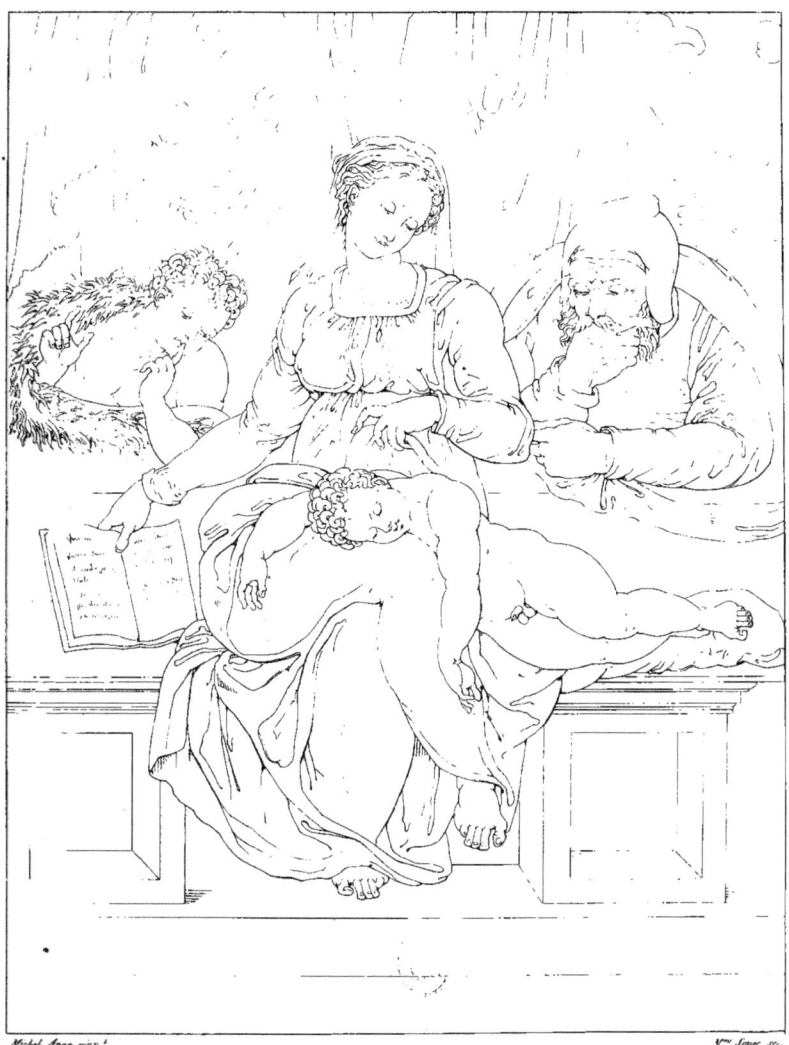

Ste Famille.

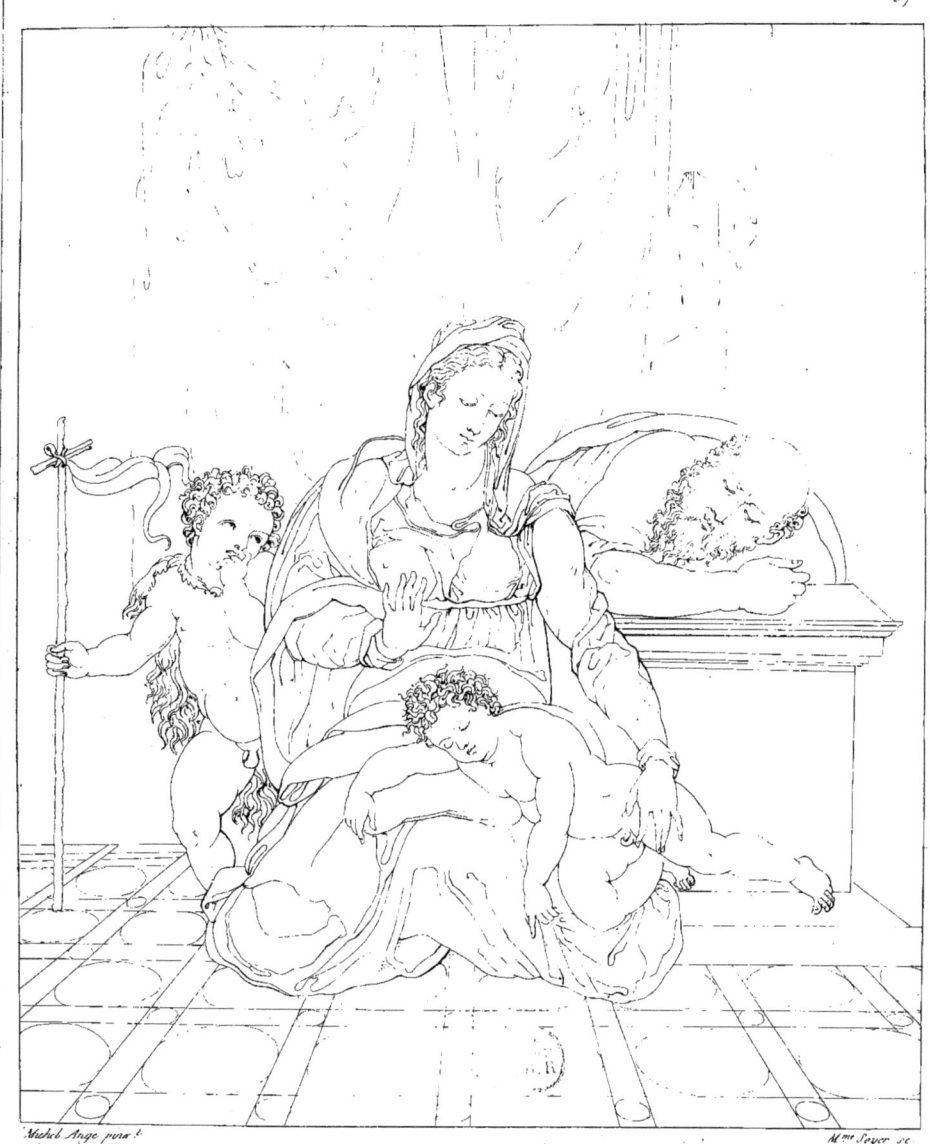

La S.te Famille.

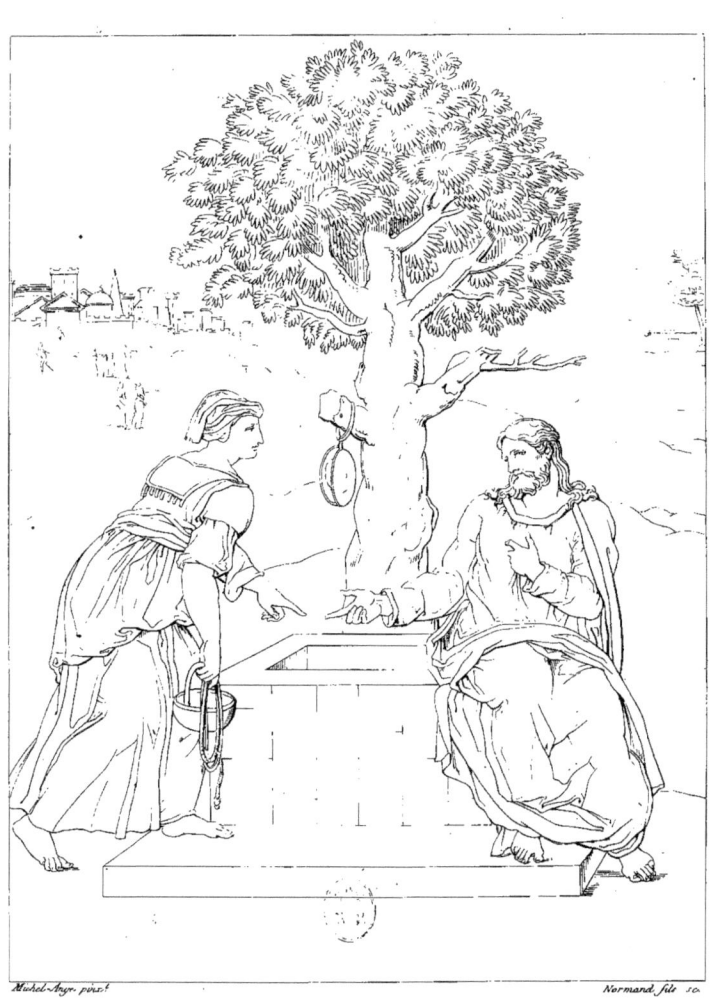

La Samaritaine.

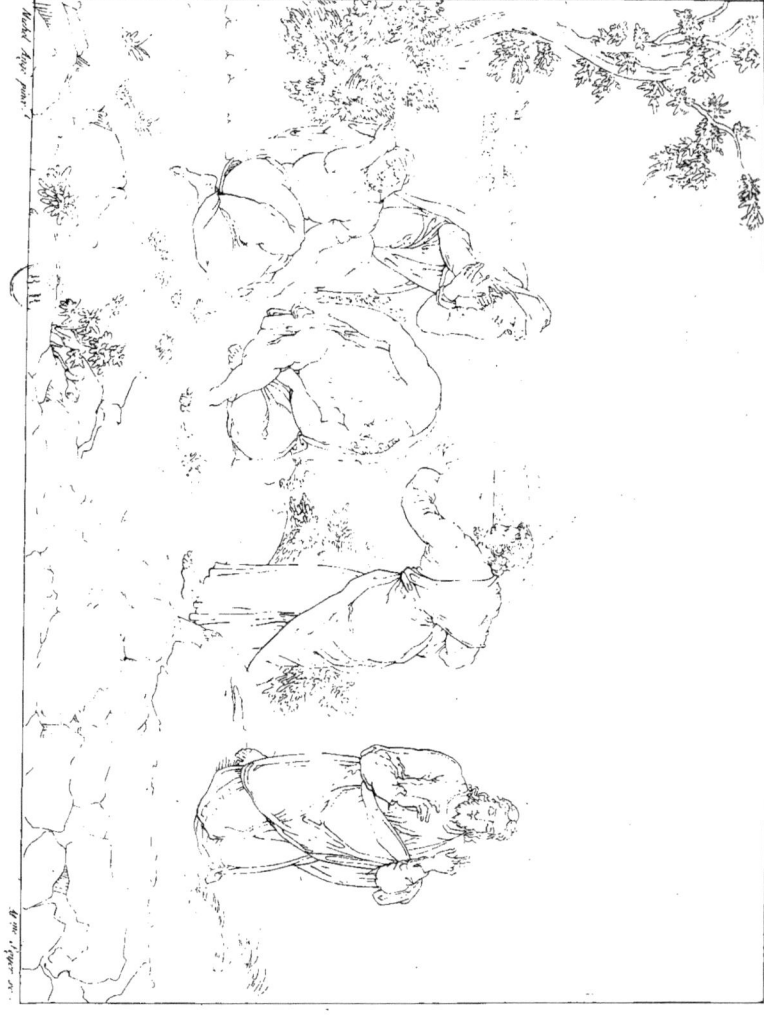

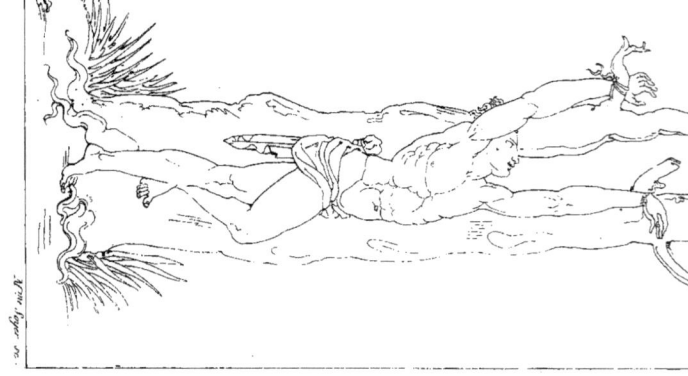

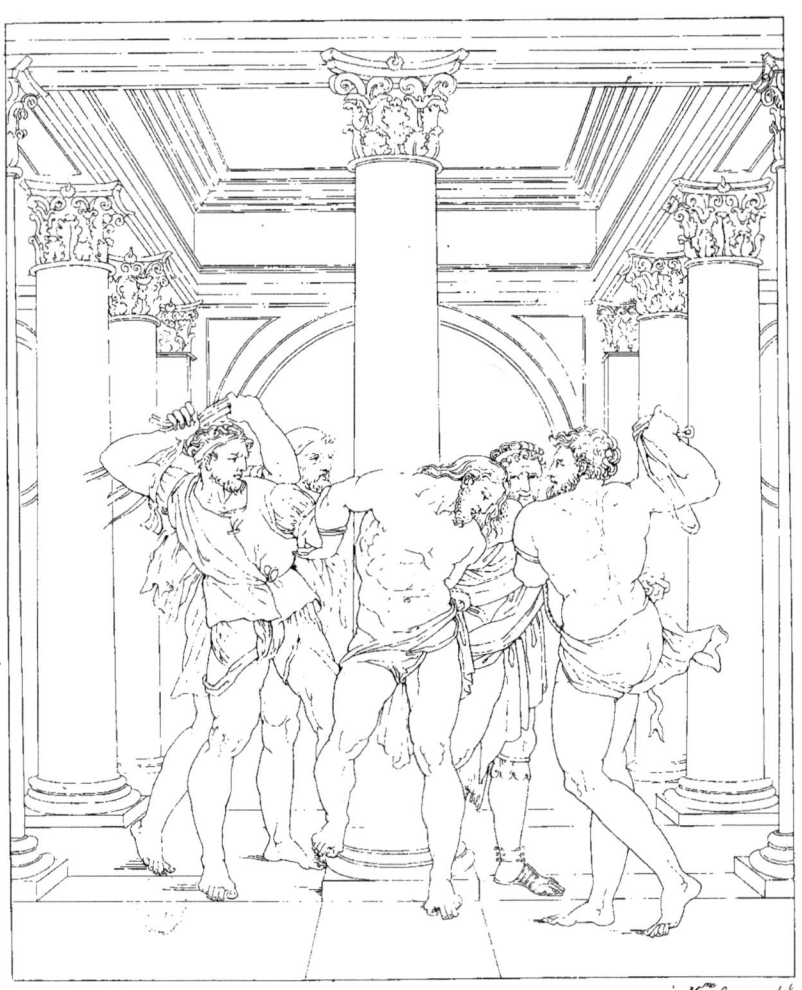

Michel Ange pinx.t   M.me Soyer sculp.t

La Flagellation.

Le Chrest en Croix.

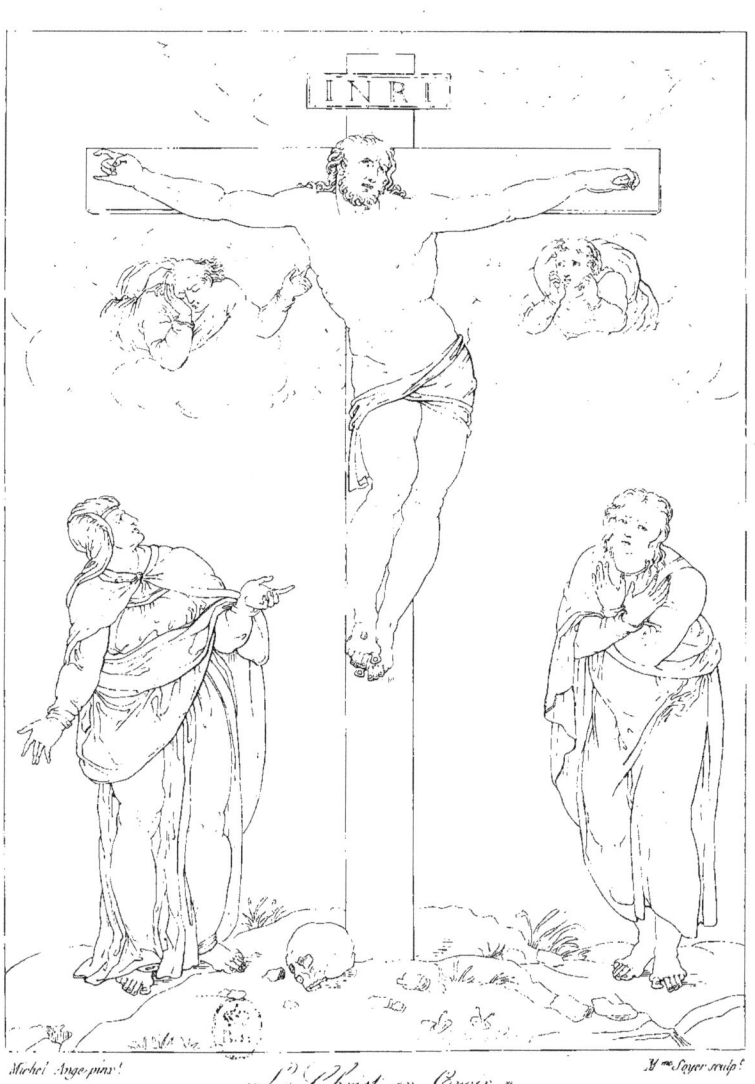

Michel Ange pinx. Le Christ en Croix. Mme Soyer sculp.

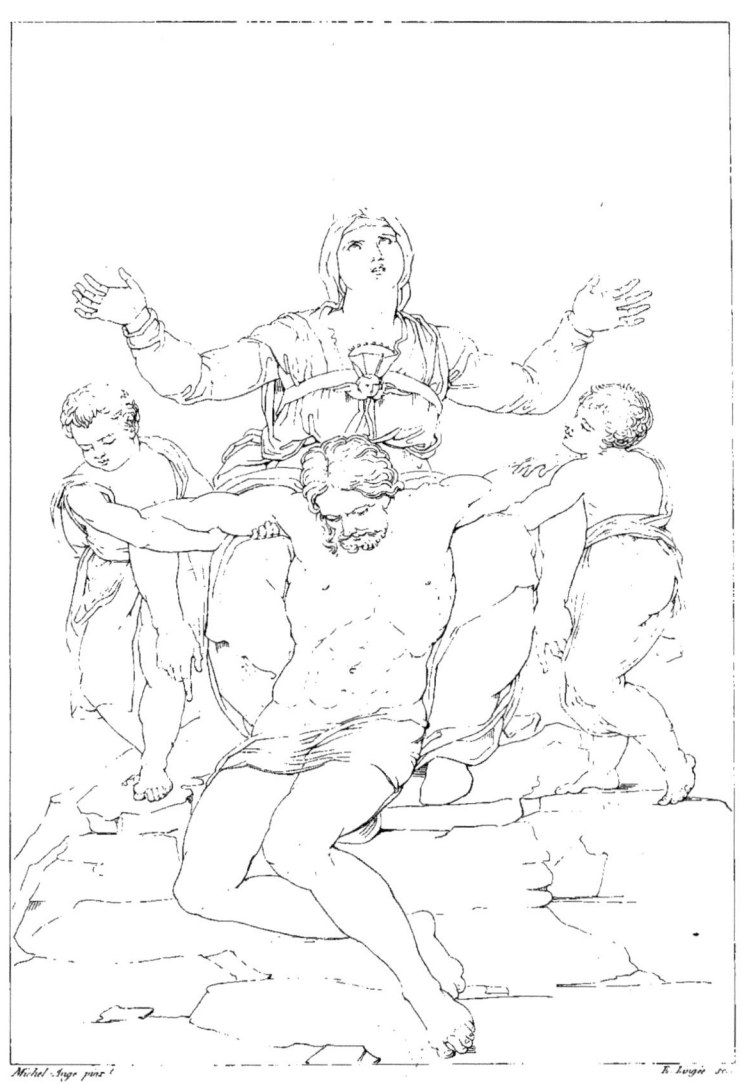

Le Christ descendu de la Croix.

Michel Ange pinx.

F. Longhi sc.

Le Christ descendu de la Croix.

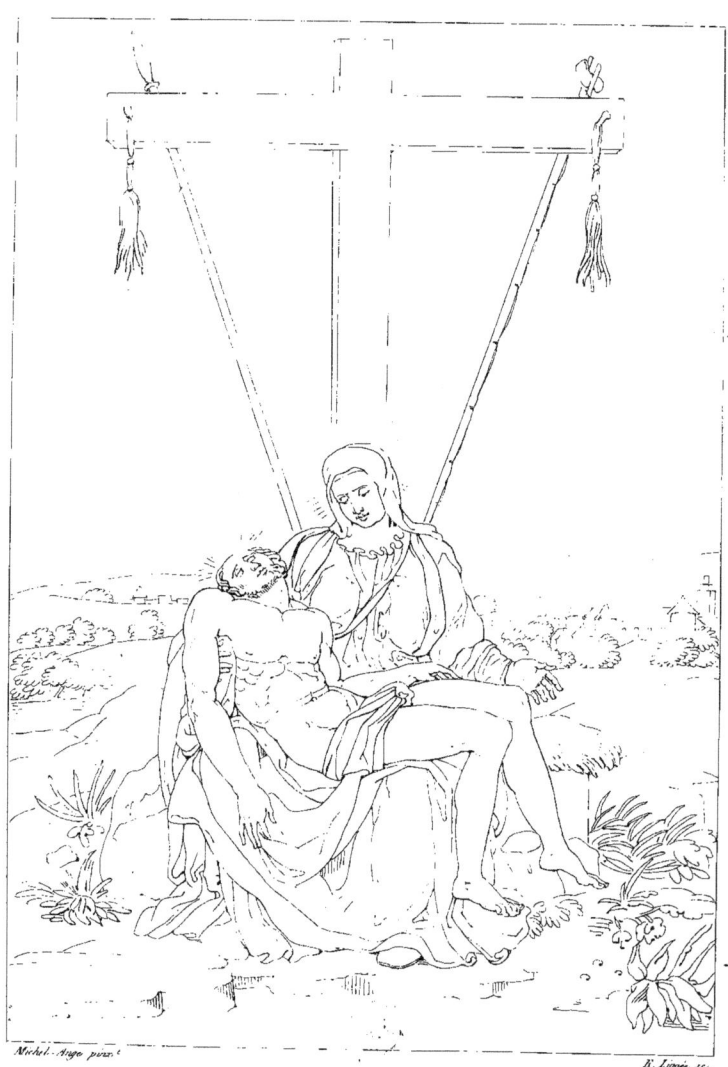

Le Christ mort sur les genoux de la Vierge.

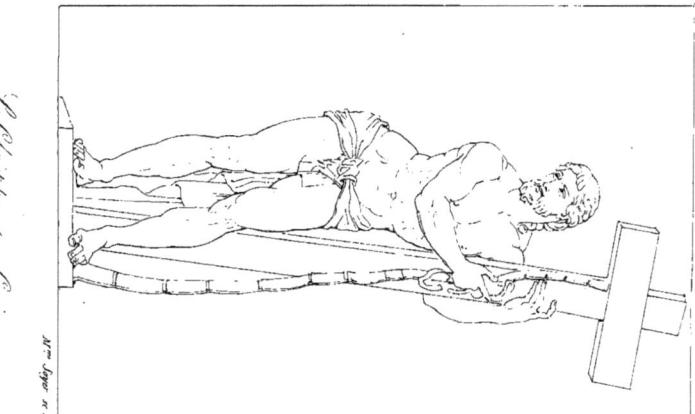

Natoil. Inv. pinx.
Le Christ mort sur les genoux de la Vierge.

N.me Loyer sc.
Le Christ couché au tombeau.

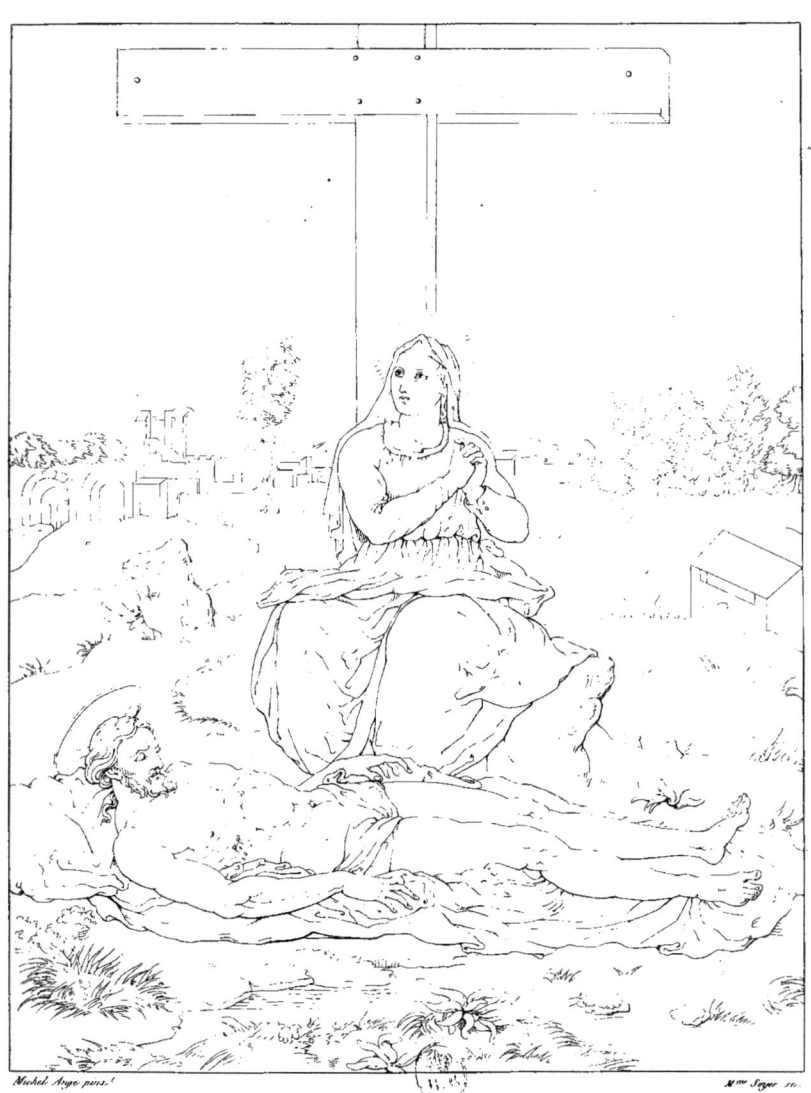

Le Christ mort au pied de la Croix.

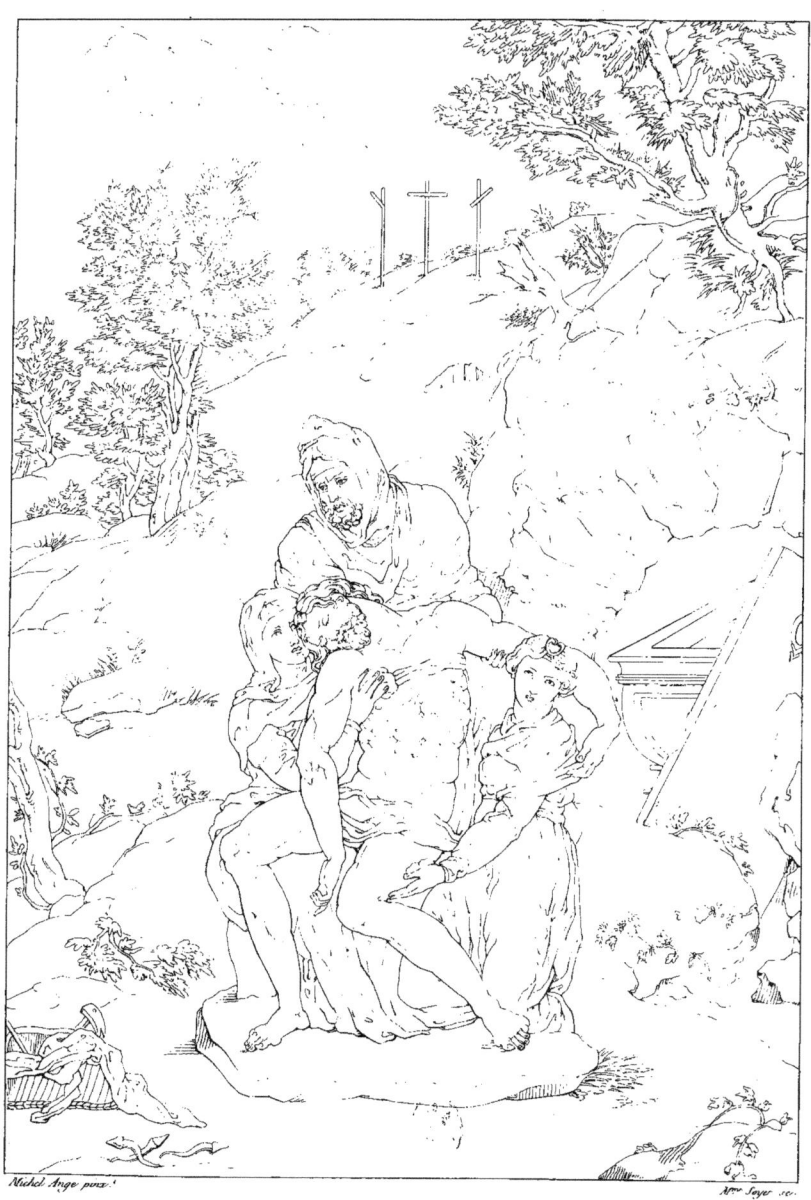

Le Christ au tombeau.

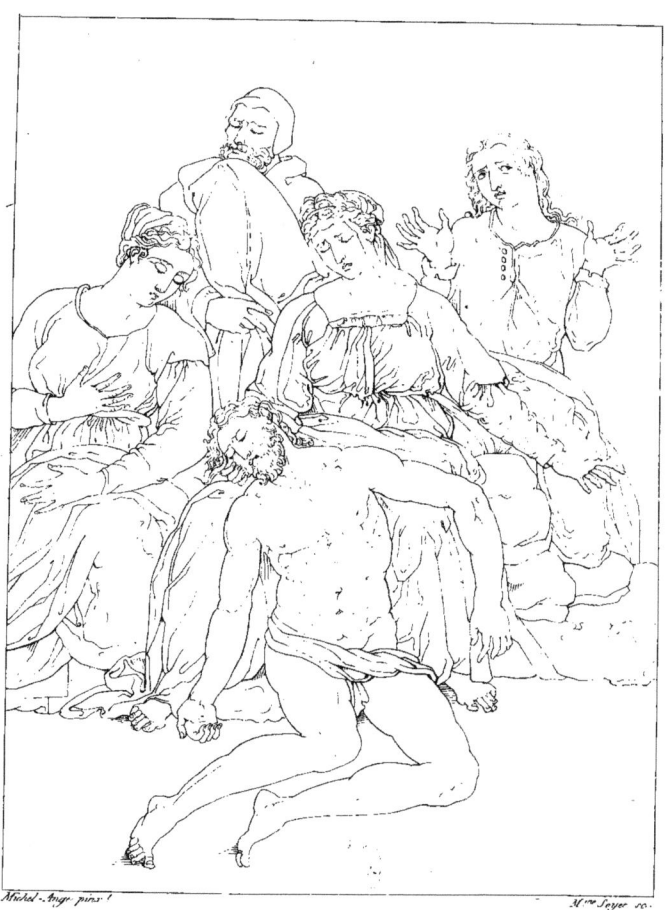

Le Christ au tombeau.

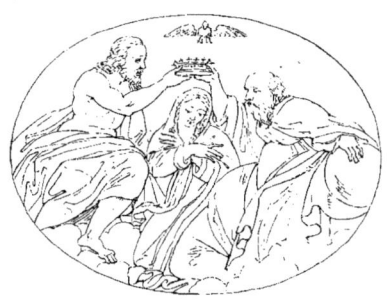

La Vierge couronnée dans le Ciel.

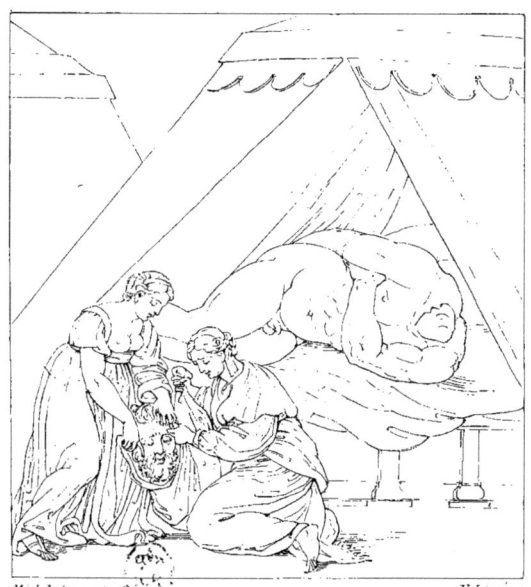

Michel Ange pinx. E. Lingée sc.

Judith coupe la tête à Holopherne.

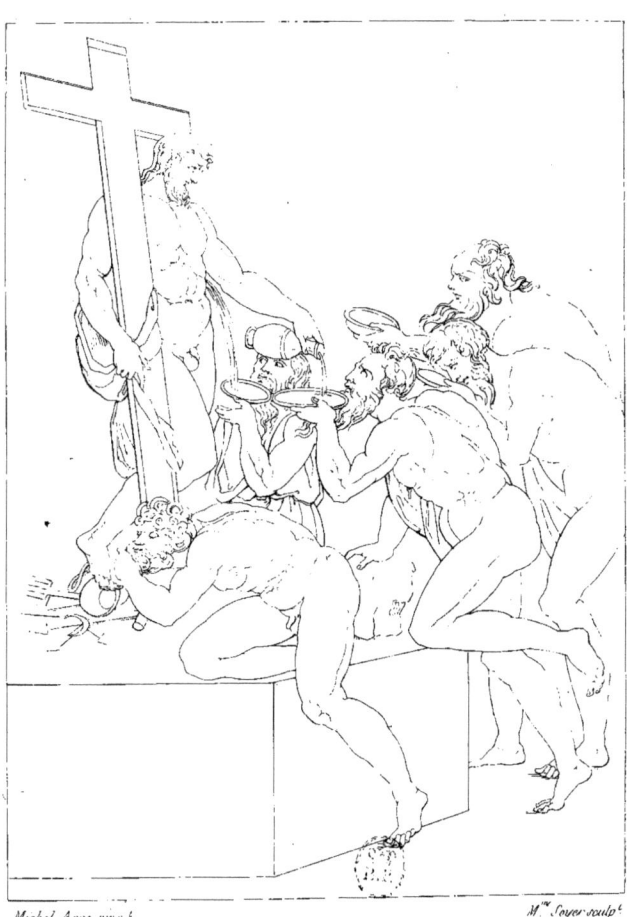

Michel Ange pinx. Mme Soyer sculp.^t

Institution de l'Eucharistie.

53

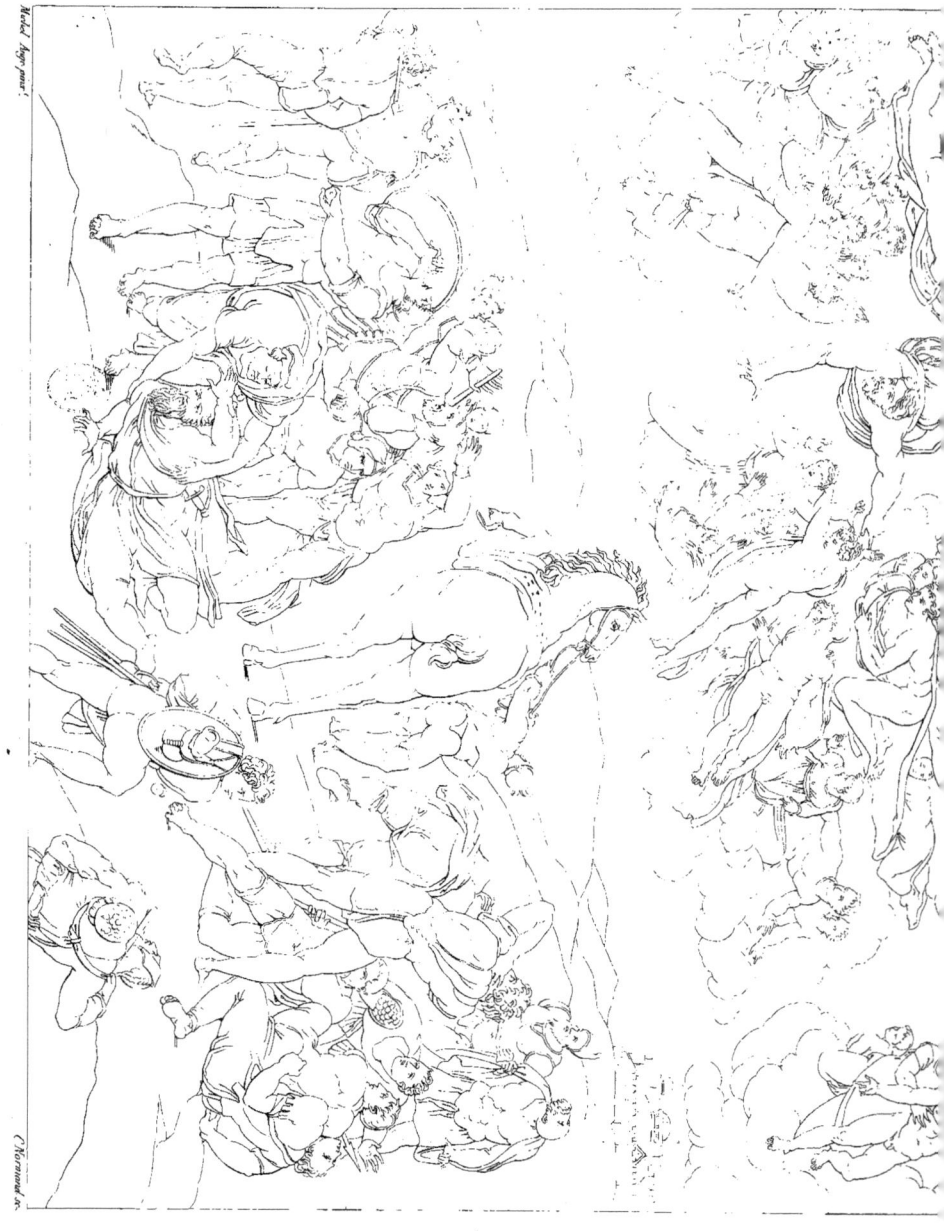

La Conversion de St. Paul.

Michel Ange pinx.t

Martyre de S.t Pierre.

M.me Soyer sculp.t

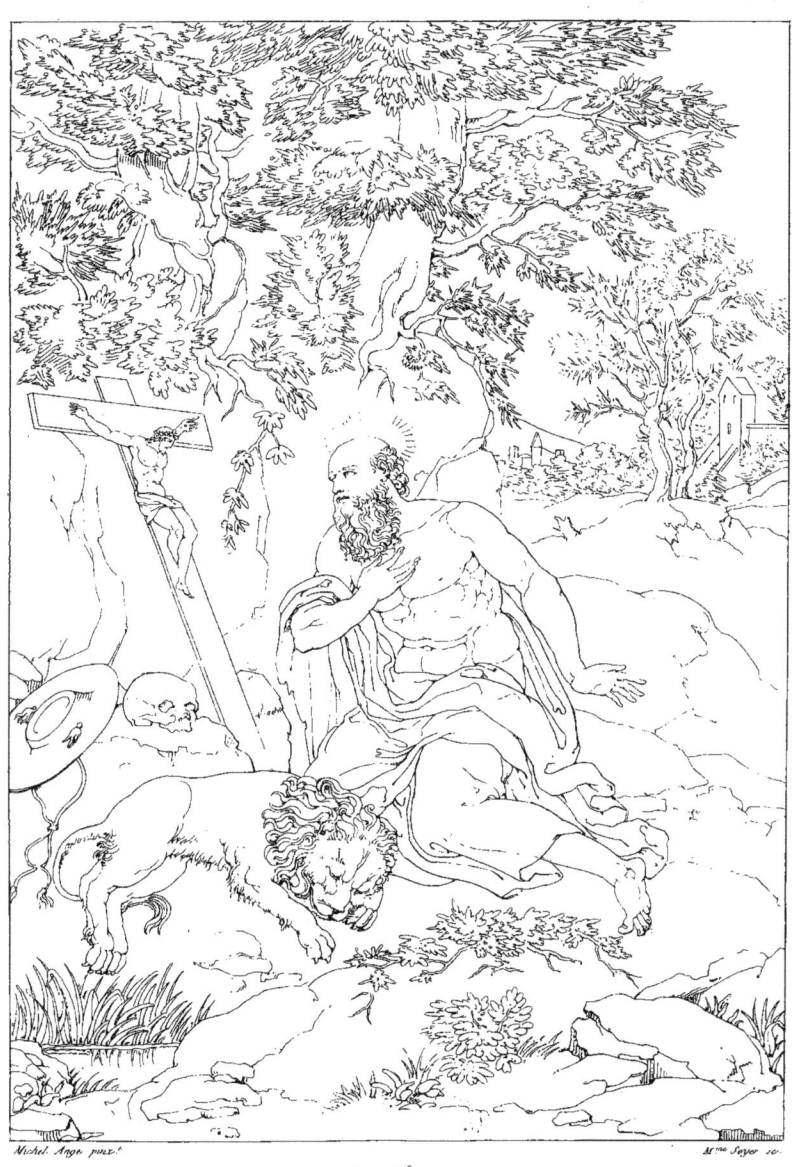

St. Jérôme.

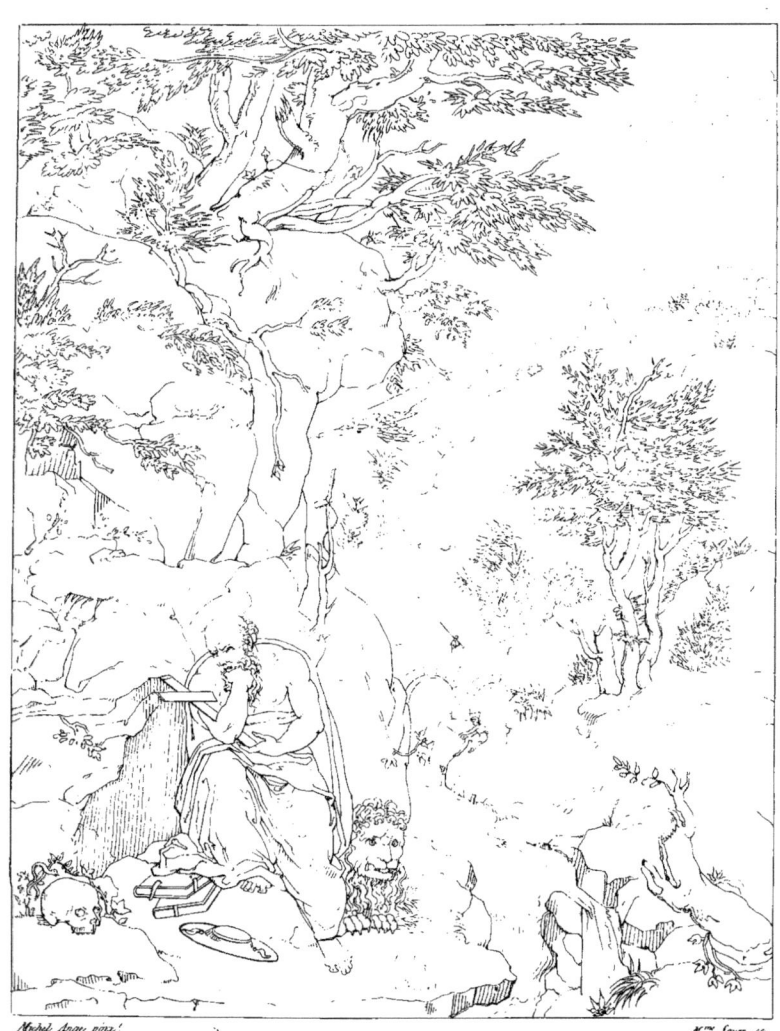

St.e Jérome.

Michel Ange inv.^t St Cosme. La Vierge. St Damien. Mme Soyer sc.

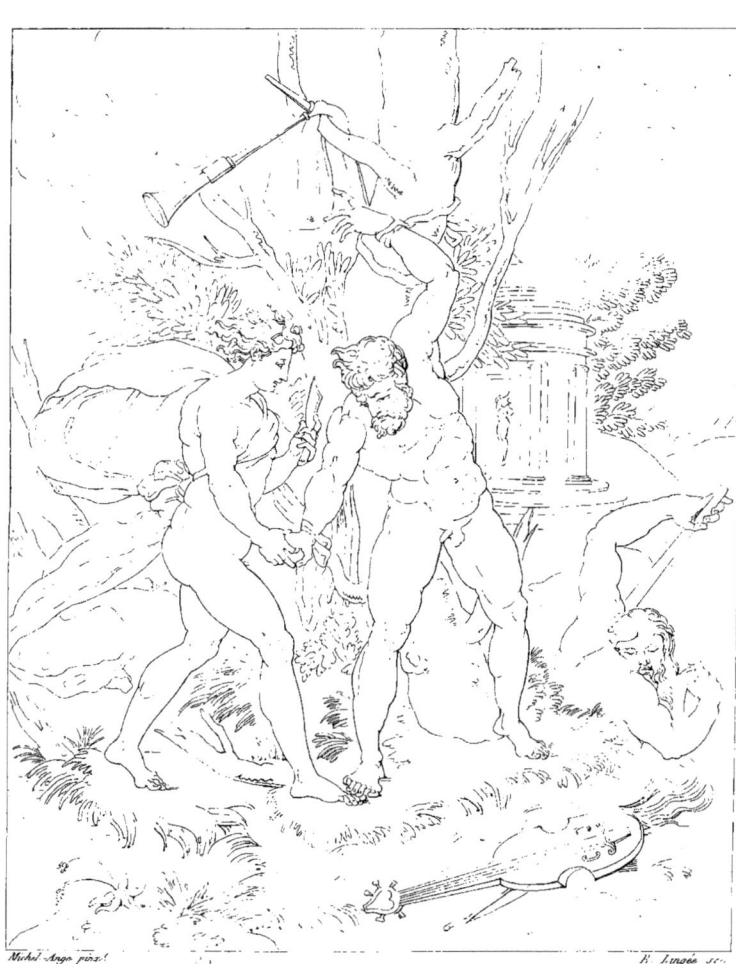

Apollon écorche Marsias.

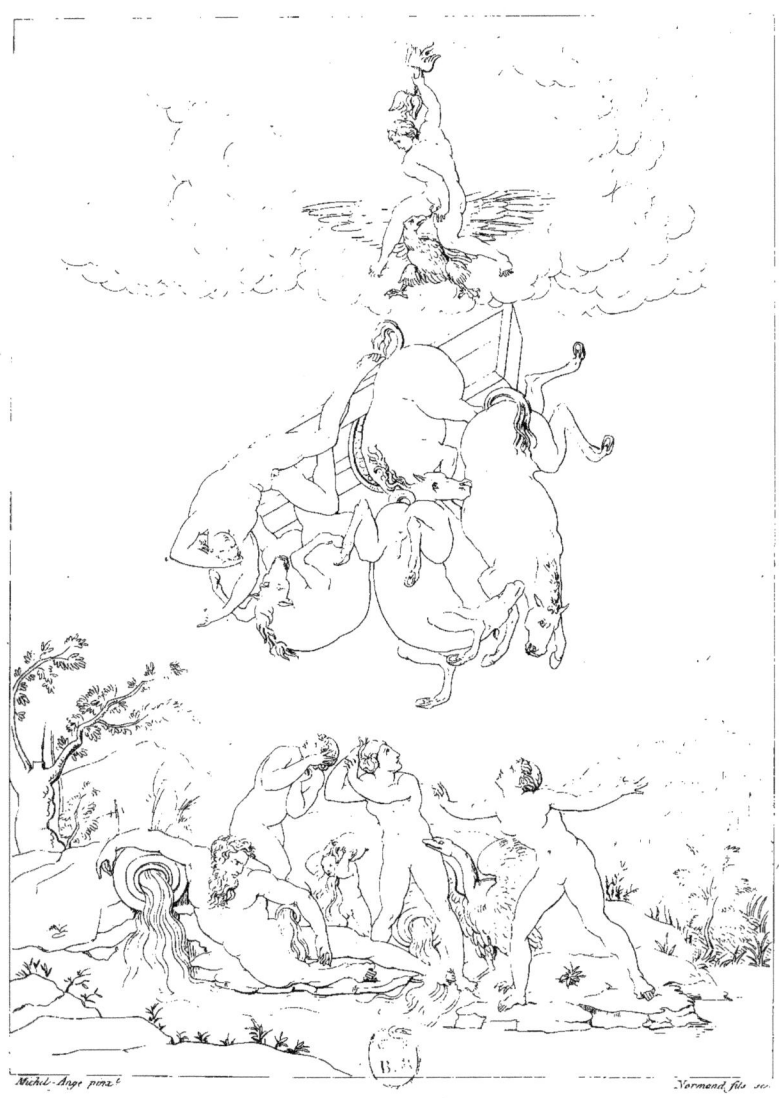

La chute de Phaeton.

61

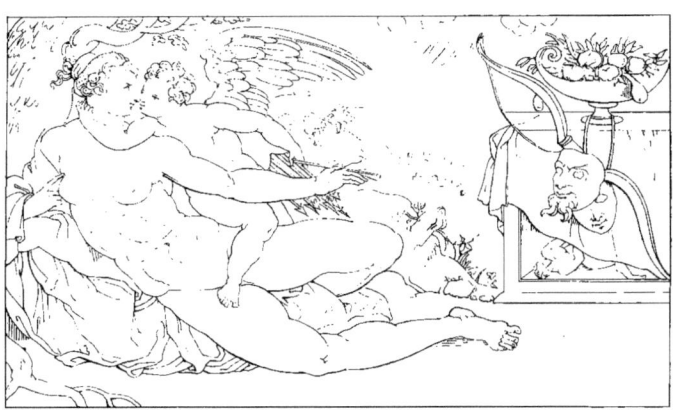

Vénus et l'Amour.

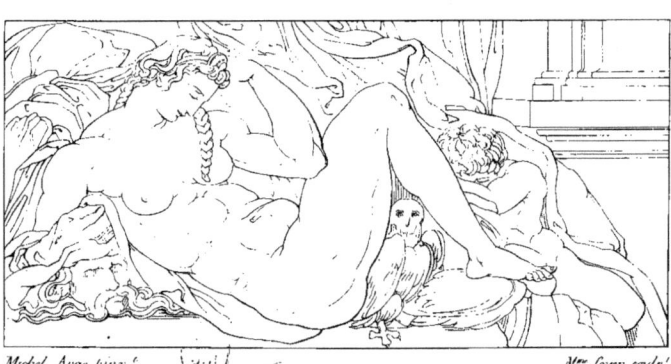

Michel Ange pinx.t   M.me Soyer sculp.t

La Nuit.

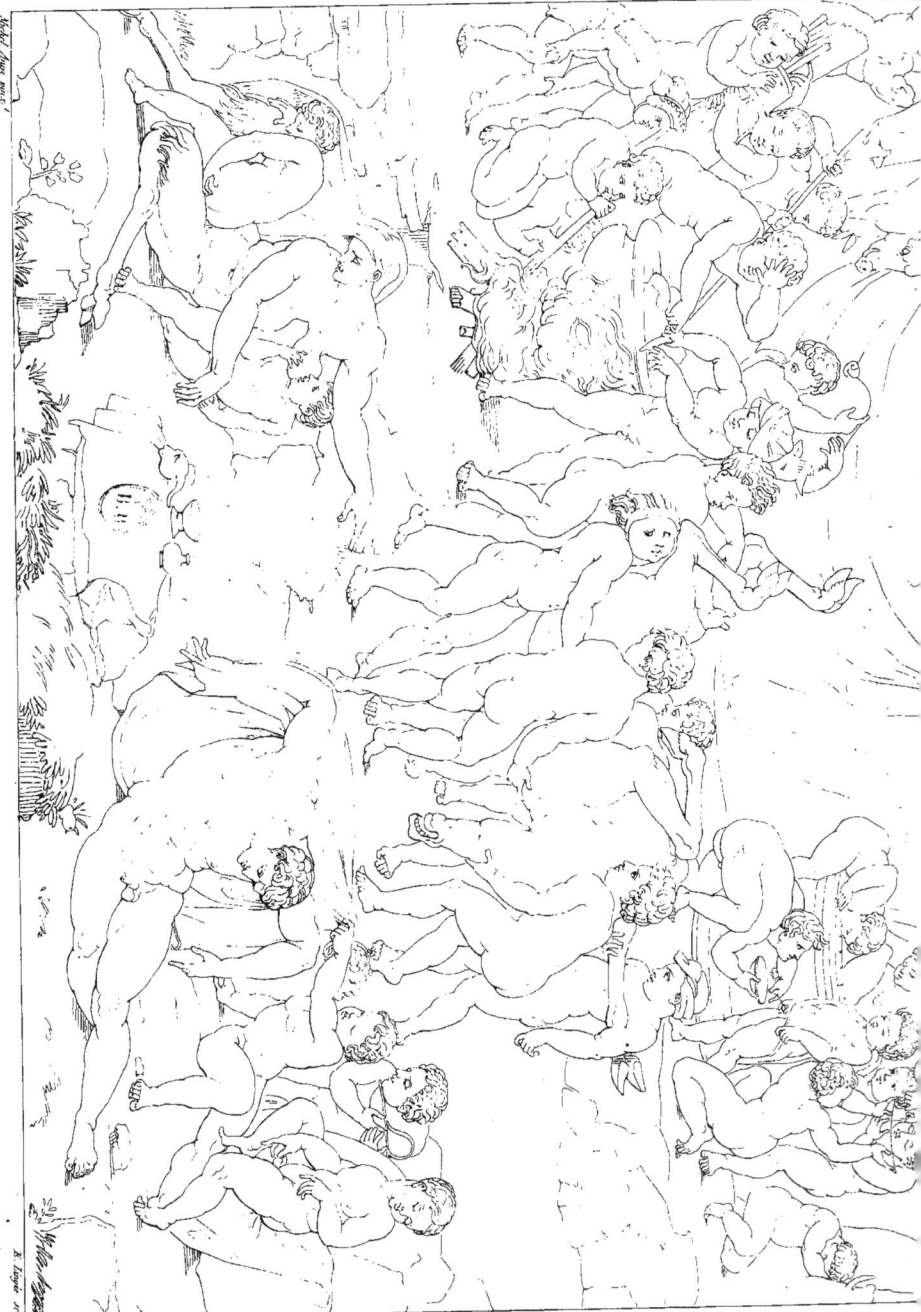

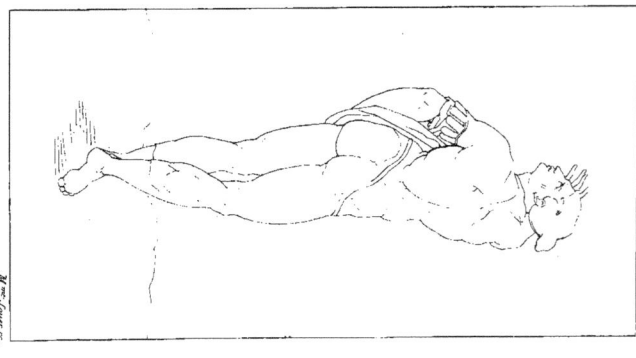

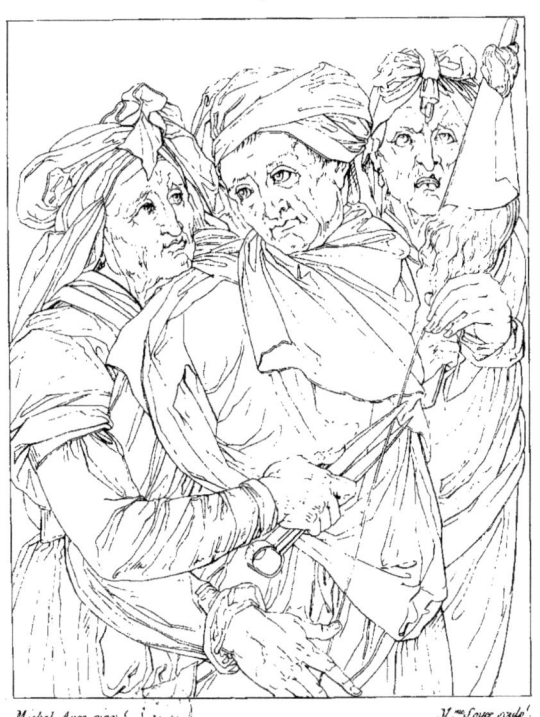

Michel Ange pinx. V.me Soyer sculp.

Les trois Parques.

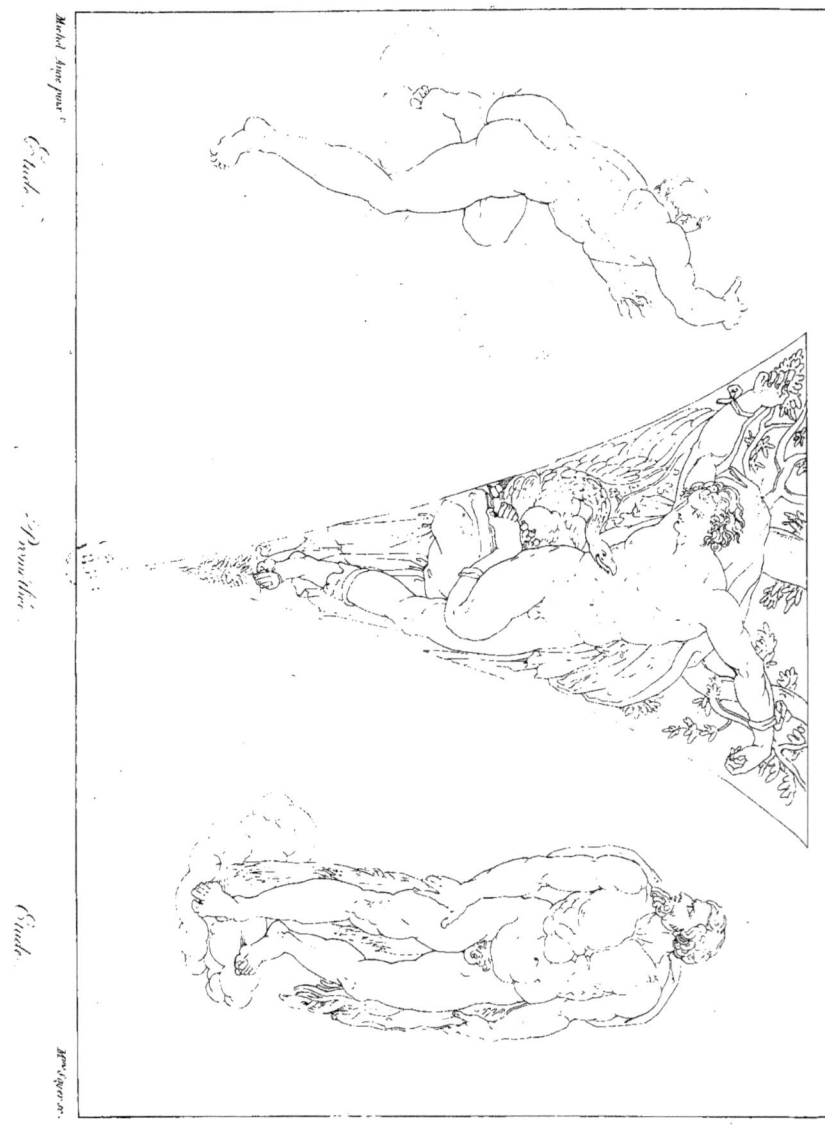

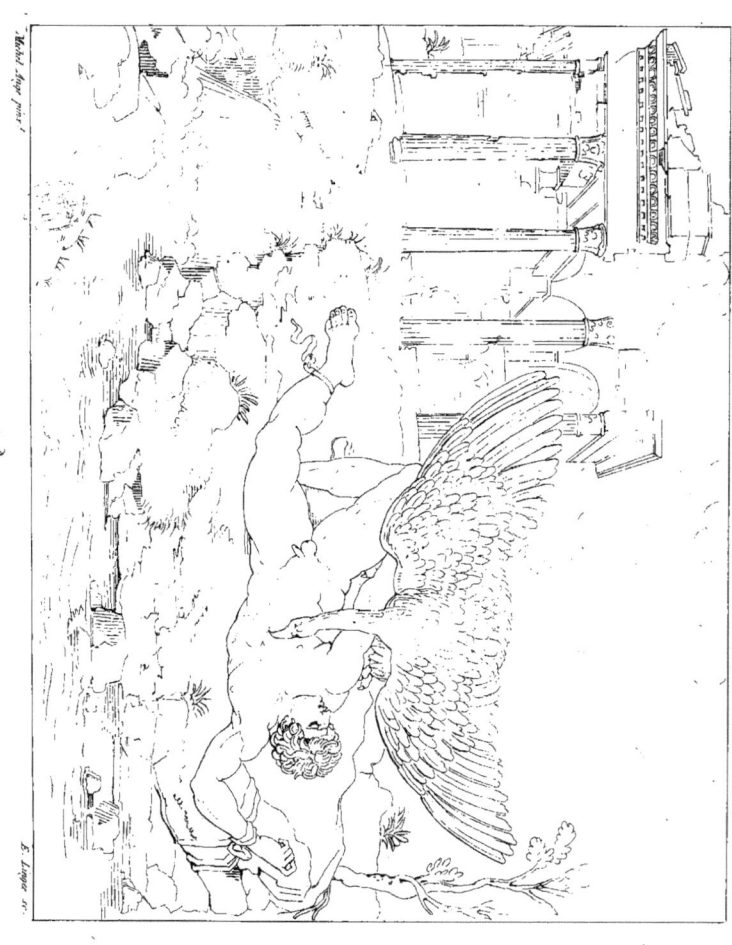

Prometheus.

Michel Ange pinx.   V.... Anger sculp.

Collection de Metrique

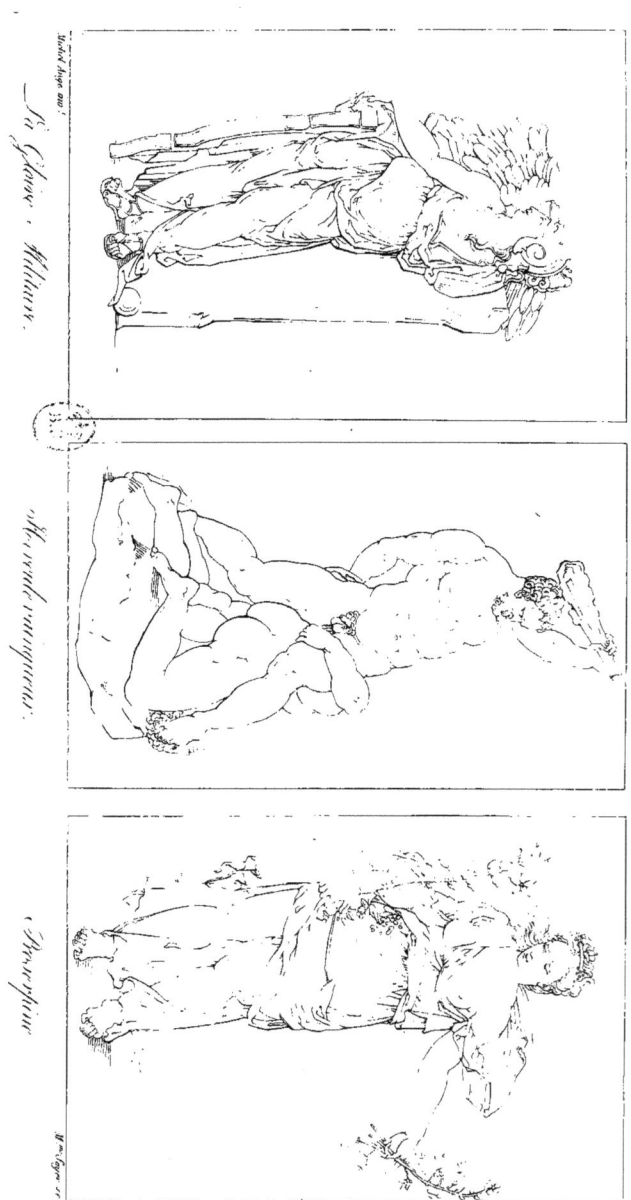

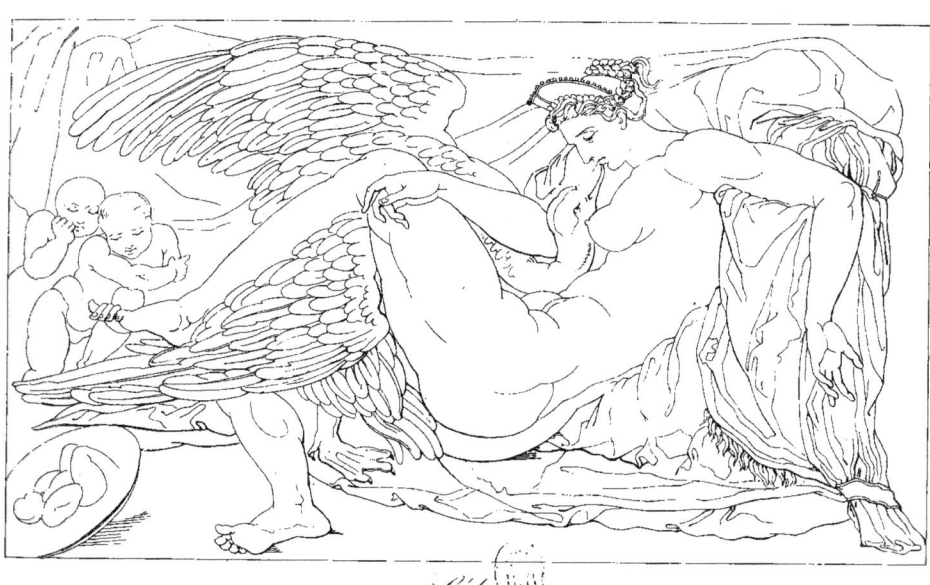

Leda.

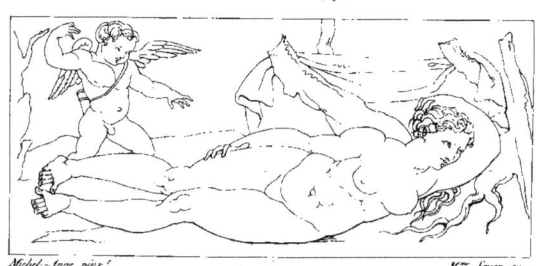

Michel-Ange pinx.t   M.me Soyer sc.

Vénus et l'Amour.

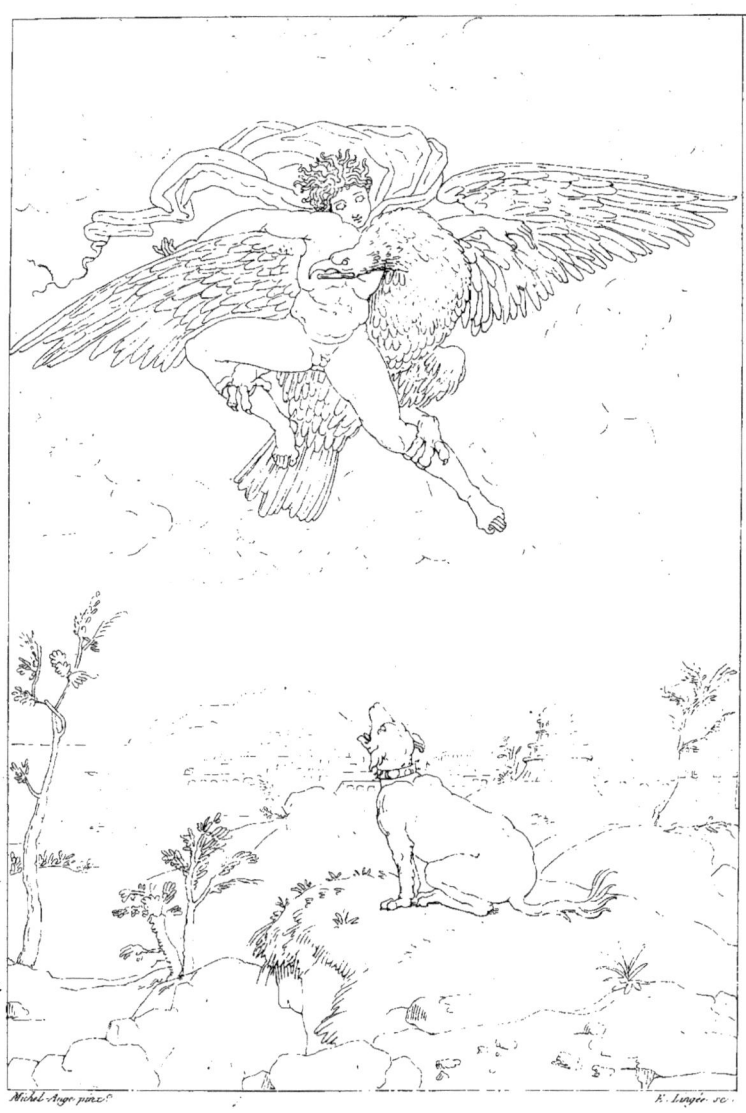

Enlèvement de Ganimede.

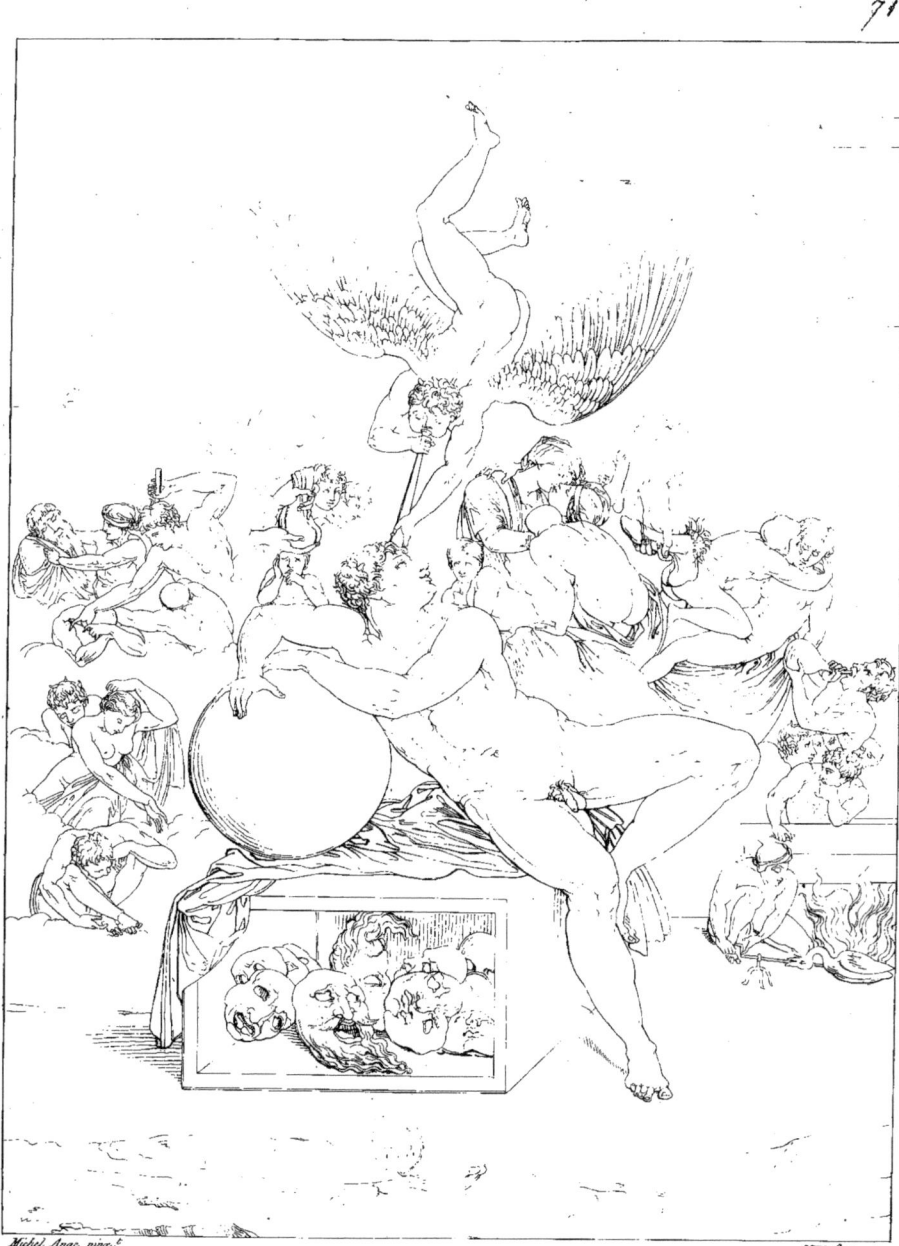

Le Songe de la vie humaine.

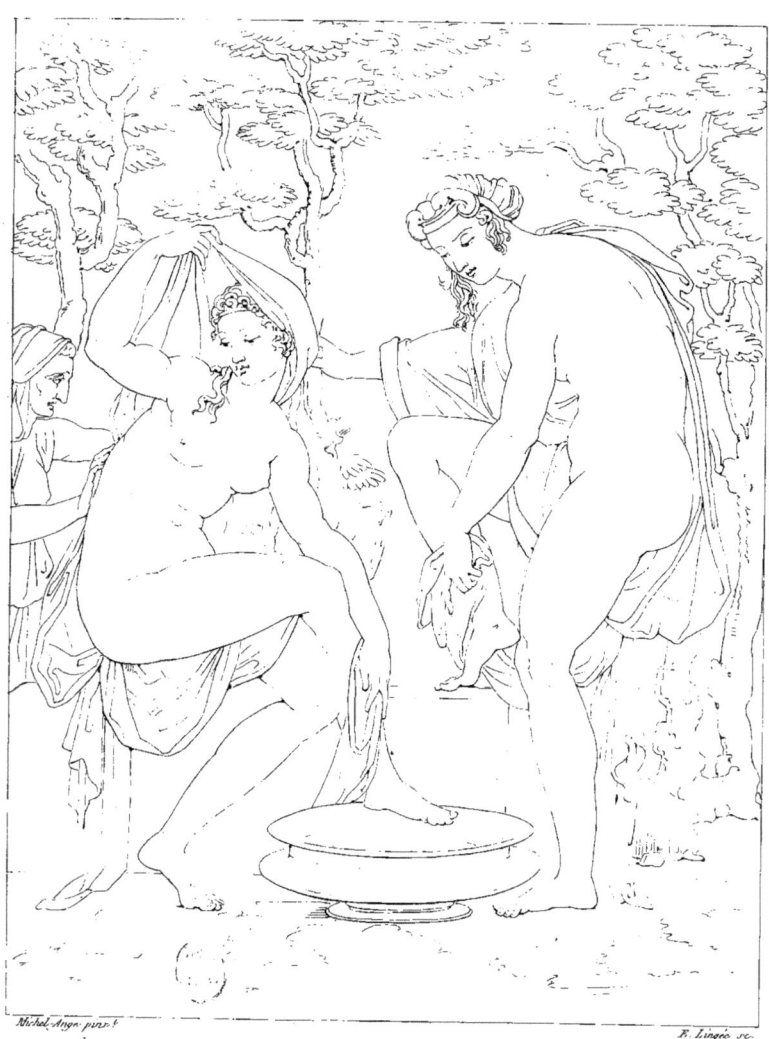

Deux femmes au bain.

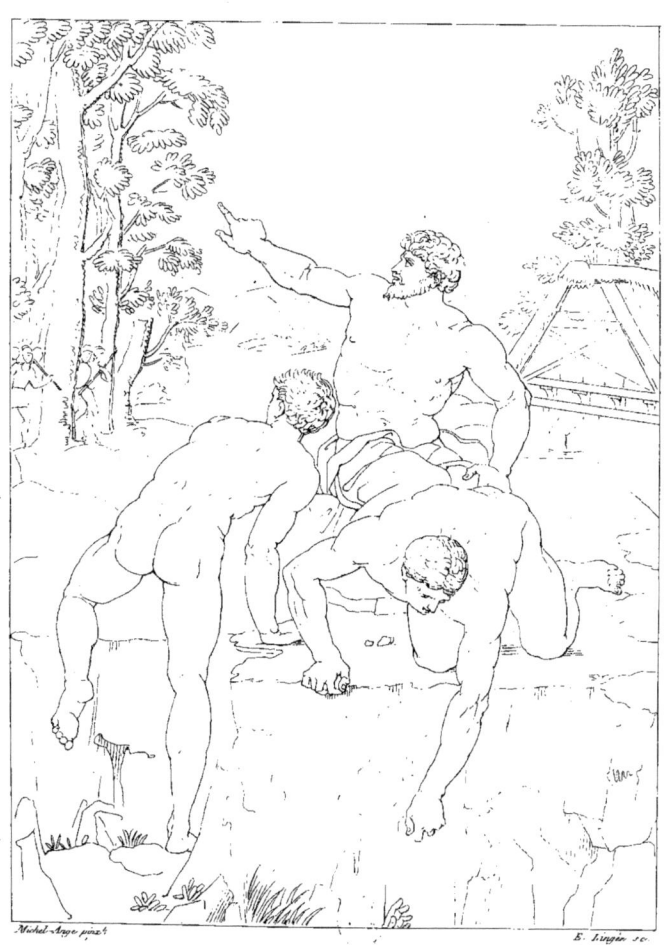

Les Grimpeurs.

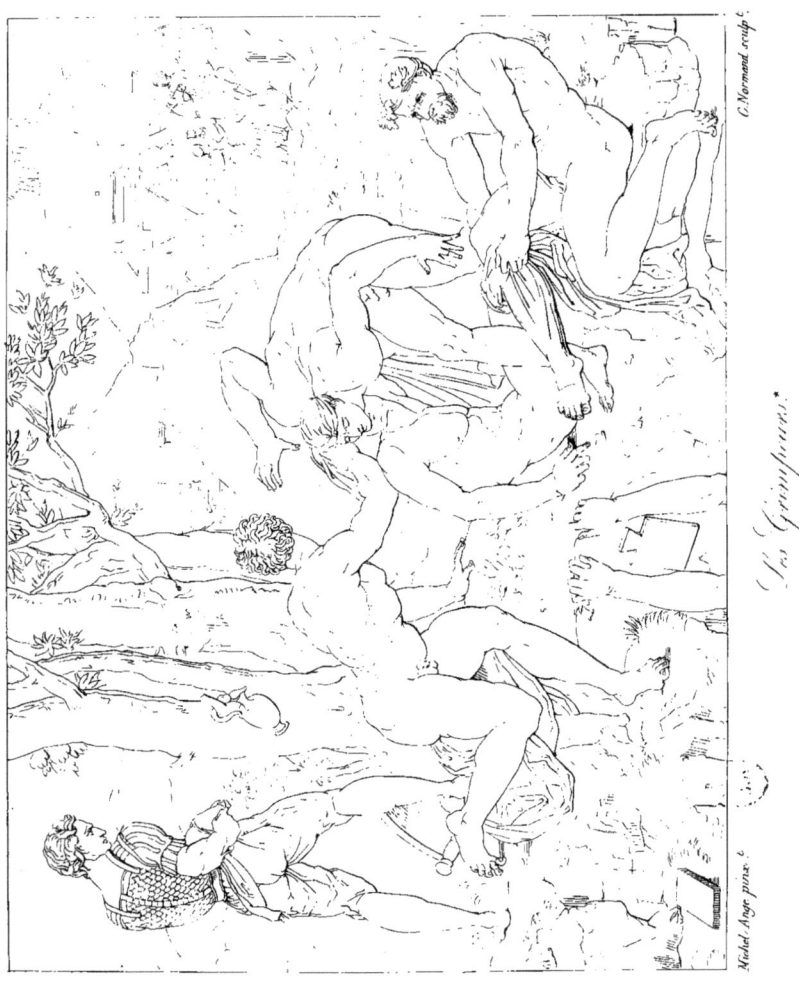

Le Comte Ugolin et ses Enfants

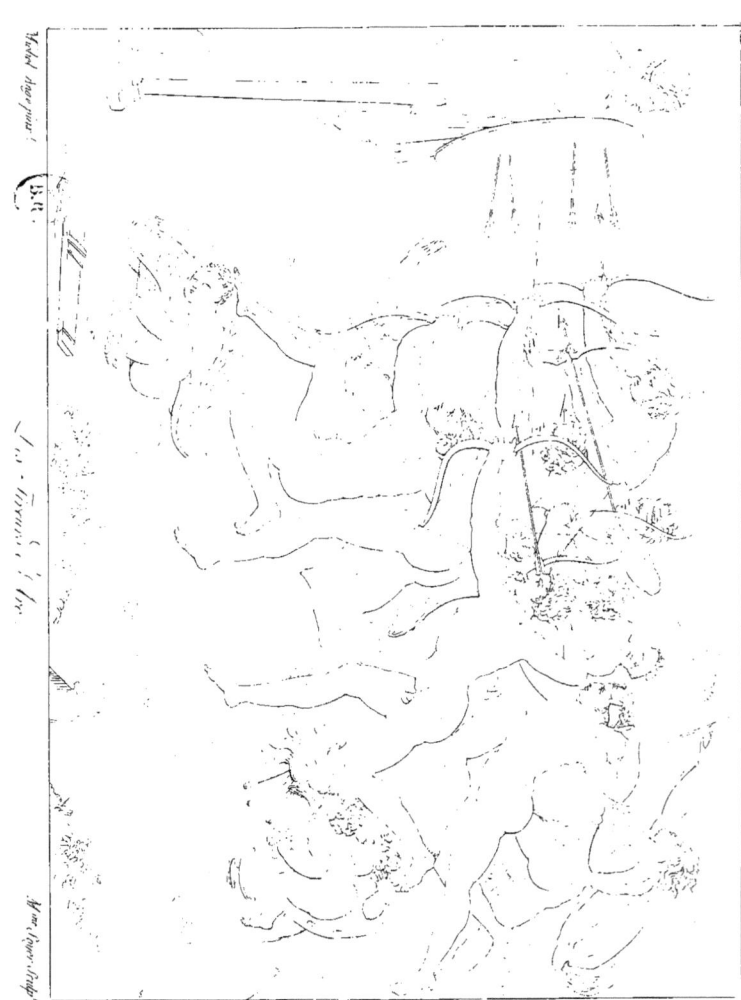

Deux Gladiateurs.

73

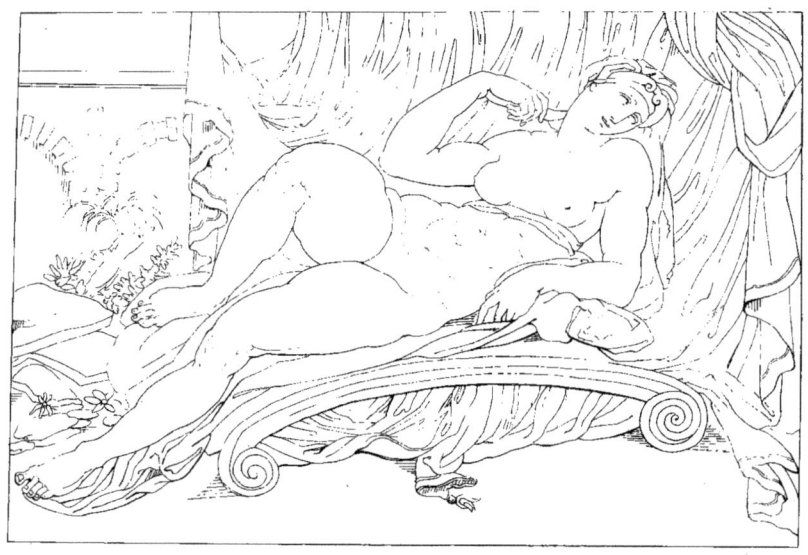

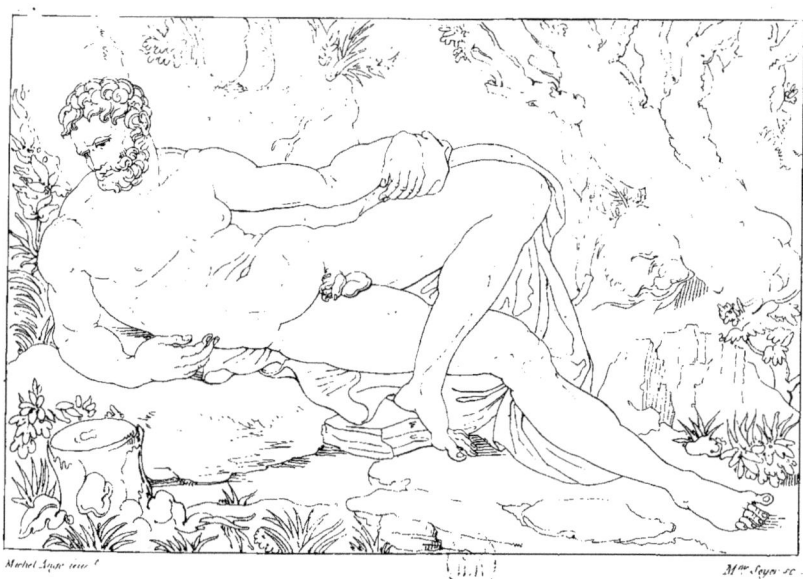

Deux Études pour le Tombeau des Médicis.

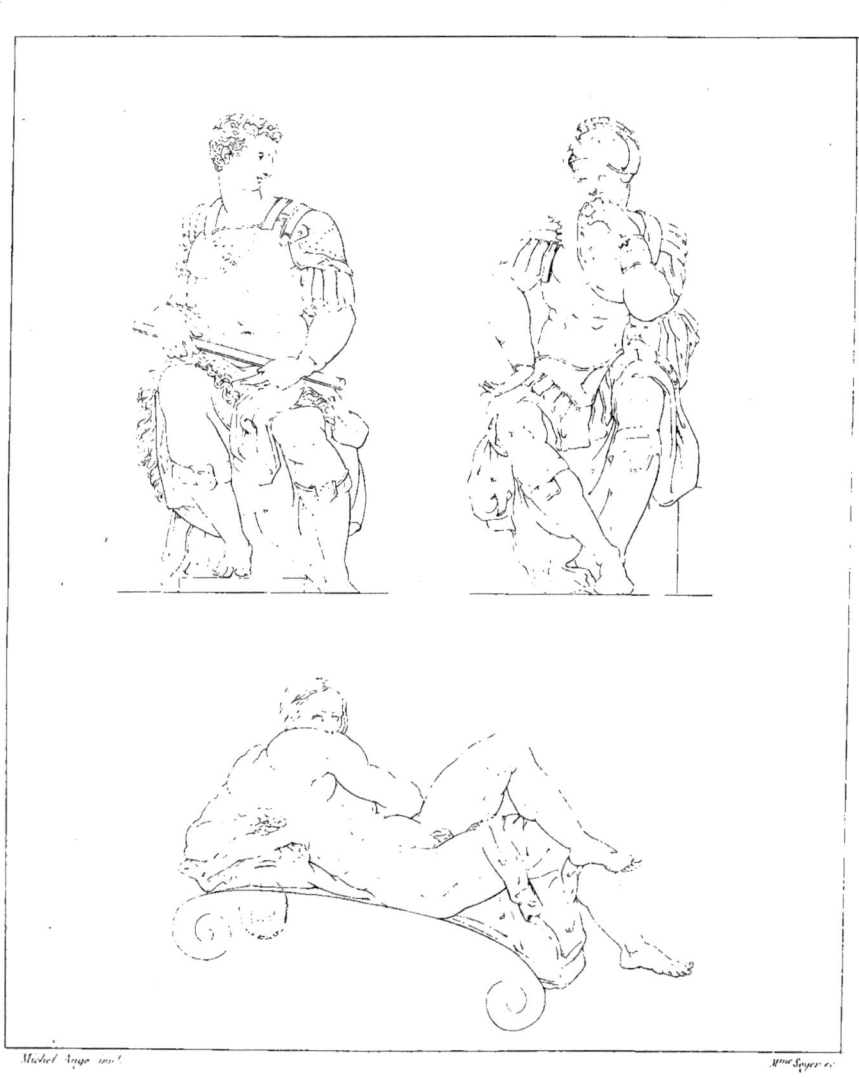

Figures du tombeau des Médicis.

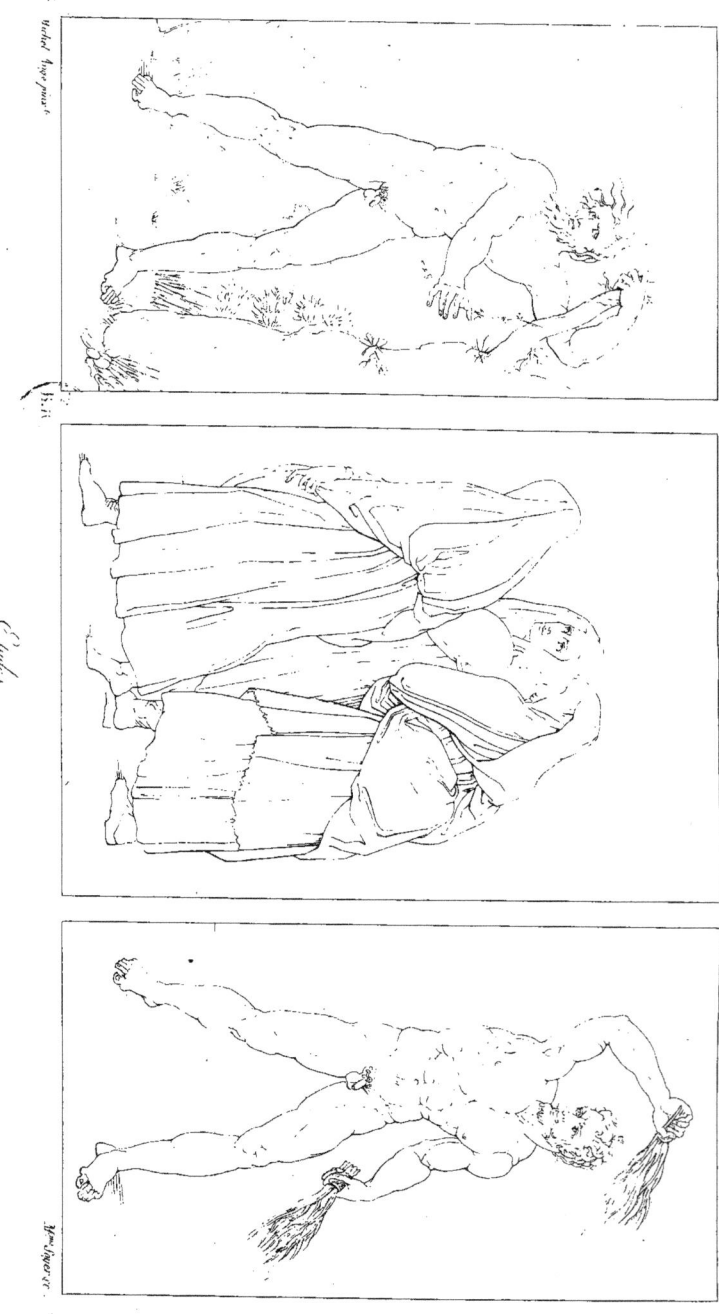

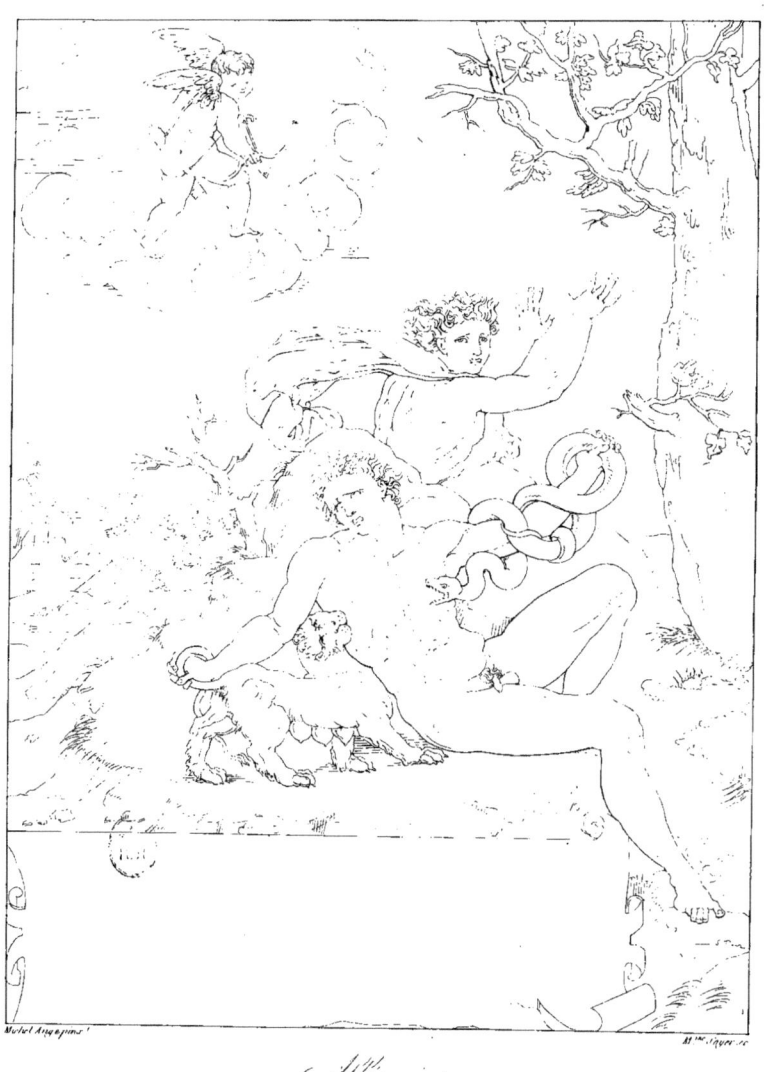

Allégorie.

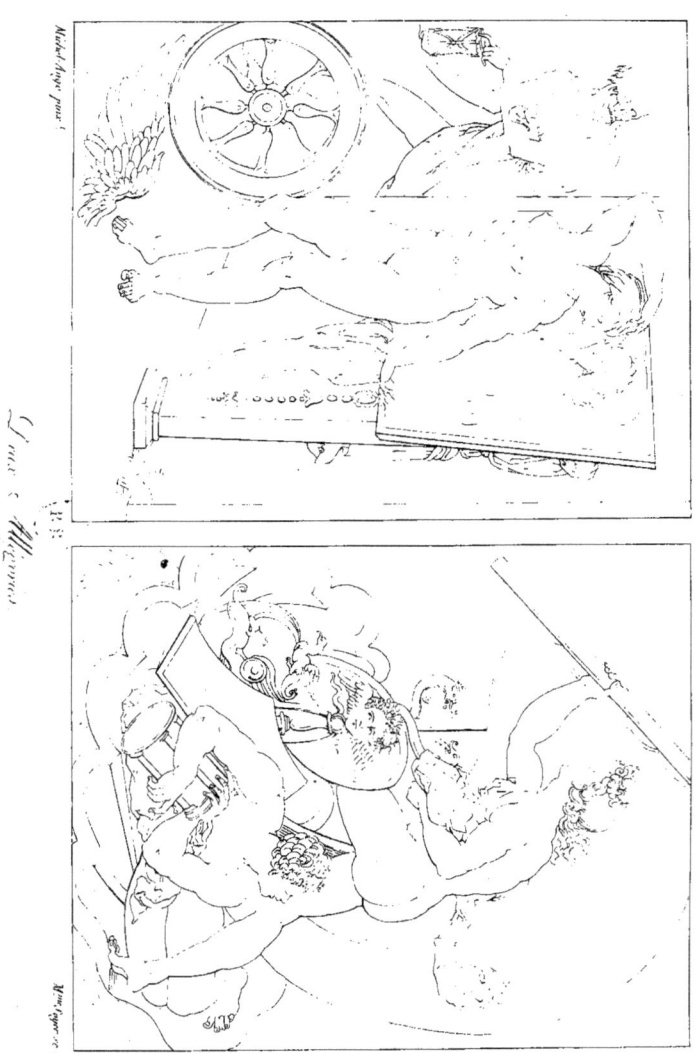

TABLE

DE L'OEUVRE COMPLÈTE

DE MICHEL-ANGE.

———————

PLANCHE Ire. PORTRAIT DE MICHEL-ANGE. Graveurs *Docet; Odieuvre; Potrelle.*

PL. II. FRONTISPICE. FIGURES DE MICHEL-ANGE. Grav. par *Joseph Perini.*

Chapelle Sixtine.

PL. III. PLAFOND DE LA CHAPELLE SIXTINE. Gravé au trait par *Cunego. Adam Mantuan* a gravé séparément tous les détails des pendentifs.

PL. IV. LE JUGEMENT DERNIER. Grav. *J. Bonasonius; Cl. Duchetti; P. de Rossi;* au trait par *Cunego;* idem par *Piroli* avec les détails; *Salamanca* avec les pendentifs.

PL. V. JOEL. Grav. *Salamanca; Nic. Van Aelst; Cherubinus Albertus; Piroli; Tingarus* et autres.

PL. VI. ERITHRAEA. Grav. *Idem.*

PL. VII. EZECHIEL. Grav. *Idem.*

PL. VIII. PERSICHA. Grav. *Idem.*

PL. IX. HIEREMIAS. Grav. *Idem.*

TABLE DES PLANCHES

Pl. X. Libica. Grav. *Idem.*

Pl. XI. Daniel. Grav. *Idem.*

Pl. XII. Cumaea. Grav. *Idem.*

Pl. XIII. Esaias. Grav. *Idem.*

Pl. XIV. Delphica. Grav. *Idem.*

Pl. XV. Jonas. — Zacherias. Grav. *Idem.*

Pl. XVI. Figures dans la voute de la chapelle Sixtine. Grav. *Cunego.*

Pl. XVII. *Idem.*

Pl. XVIII. *Idem.*

Pl. XIX. *Idem.*

Pl. XX. Judith coupe la tête a Holopherne. Grav. *J. T. Prestel; Ant. Lafreri.*

Pl. XXI. David, vainqueur de Goliath. Grav. *Inconnu.*

Pl. XXII. Le Serpent d'airain. Grav. *Inconnu.*

Pl. XXIII. Un Martyr. Grav. *Inconnu.*

Pl. XXIV. La Création d'Adam. Grav. *Cunego; Gasp. Ruina.* Ce tableau fait partie des neuf qui sont au plafond de la chapelle Sixtine, ainsi que les deux suivans. Les six autres n'ayant jamais été gravés, nous n'avons pu en donner le développement.

Pl. XXV. La Création d'Eve. Grav. *Prestel; Ant. Capellan; Bonaso.*

Pl. XXVI. Adam et Eve mangent du fruit défendu, et sont chassés du Paradis terrestre. Grav. *Ant. Capellan.*

Pl. XXVII. Fragment de la chapelle Sixtine. Grav. *Inconnu.* — Figures d'études. Grav. *Inconnu.*

Pl. XXVIII. Etude du tableau de Noé. L'un des neuf du plafond de la chapelle Sixtine. Grav. *Inconnu.* — Hercule terrasse un Centaure. Grav. *Inconnu.*

DE L'ŒUVRE DE MICHEL-ANGE. 3

Histoire Sainte.

Pl. XXIX. Adam et Eve après leur désobéissance. Grav. *Inconnu.*

Pl. XXX. Adam et Eve pleurant la mort d'Abel. Grav. *Inconnu.* Cette composition et la précédente sont attribuées, avec quelques raisons, à Baccio Bandinelli ; mais elles font partie de l'œuvre de Michel-Ange à la Bibliothèque impériale, et nous avons cru devoir suivre cette classification.

Pl. XXXI. Le Déluge. Grav. *Inconnu.*

Pl. XXXII. Le Serpent d'airain. * Grav. *Mich. Alamingo.*

Pl. XXXIII. Etude pour le sujet du serpent d'airain. *Inédit.*

Pl. XXXIV. L'Annonciation. Grav. *Beatricius Lotaringus.*

Pl. XXXV. L'Adoration des Bergers. Grav. *Palumbi.*

Pl. XXXVI. La Sainte-Famille. Grav. *Ant. Lafrery ; Bonasonius.*

Pl. XXXVII. La Sainte-Famille. * Grav. deux fois sans nom de graveur.

Pl. XXXVIII. La Samaritaine. Grav. deux fois par *Ant. Lafrery; N. B. Lotaringus.*

Pl. XXXIX. Jésus-Christ au Jardin des Olives. Grav. *Inconnu.*

Pl. XL. Le Christ flagellé. Grav. *Benoît jeune.* — S. Sébastien. Grav. *Inconnu.*

Pl. XLI. La Flagellation. Grav. *Gasp. Albertus,* succ. *Palumbi;* autre sans nom.

Pl. XLII. Deux Christs en croix. D'après deux dessins du cabinet de M. Dejoux.

TABLE DES PLANCHES

PL. XLIII. Le Christ en croix. * Grav. *Philip. Sytius*; *Lafrery*; *J. Bonaso.*

PL. XLIV. Le Christ descendu de la croix. Grav. *Lafrery*; *J. B. Canaleris.*

PL. XLV. Le Christ descendu de la croix. * Grav. *Ant. Salamanca.*

PL. XLVI. Le Christ mort sur les genoux de la Vierge. Grav. *J. Bonasonius.*

PL. XLVII. Le Christ mort sur les genoux de la Vierge. * Grav. *L. Kil*; *Ant. Salamanca*; *Lafrery*; autre *Inconnu.* — Le Christ tenant sa croix, statue. Grav. *Beatricius Lotaringus*; *Henry de Keiser.*

PL. XLVIII. Le Christ mort au pied de la croix. Grav. *Inconnu.*

PL. XLIX. Le Christ au tombeau. Grav. *Inconnu.*

PL. L. Le Christ au tombeau. * Grav. *Inconnu.*

PL. LI. La Vierge couronnée dans le ciel. Grav. *Angel. Moitte*, en 1812. — Judith coupe la tête a Holopherne. Grav. *Inconnu.*

PL. LII. L'Institution de l'Eucharistie. Grav. *Inconnu.*

PL. LIII. S. Paul ou Anaximène, précepteur d'Alexandre-le-Grand. Il existe deux gravures de cette figure par *N. B. Lotaringus*, dont l'une porte le titre de *S. Paul*, l'autre celui d'*Anaximène*. — S. Paul, aveugle. Grav. *J. B. Canaleris Briscianus.*

PL. LIV. La Conversion de S. Paul au Vatican. Grav.

PL. LV. Martyre de S. Pierre au Vatican. Grav. *J. B. Canaleris*; *Lagherinus*; *Ant. Lafrery.*

PL. LVI. S. Jérôme. Grav. *Inconnu.*

PL. LVII. S. Jérôme. * Grav. *Séb. A. Reg.*; *C. A. B.*

DE L'ŒUVRE DE MICHEL-ANGE.

PL. LVIII. S. Cosme. — La Vierge. — S. Damien. Sculptures du tombeau de Médicis de l'église de S. Laurent. La Vierge seule est de Michel-Ange. Le S. Cosme a été sculpté par Angelo da Montorsi. Le S. Damien par Raph. da Monte Lupo, d'après les dessins de Michel-Ange. Grav. *Inconnu.*

Mythologie.

PL. LIX. Apollon écorche Marsyas. Composition attribuée à Baccio Bandinelli. Grav. *G. de Rossi; Cavaleriis.*

PL. LX. Chute de Phaéton. Grav. *Thomassinus;* plusieurs sans nom.

PL. LXI. Vénus et l'Amour. Grav. *Inconnu.* — La Nuit. Figure du tombeau des Médicis. Grav. *Inconnu.*

PL. LXII. Bacchanale. Grav. *Ant. Lafrery.*

PL. LXIII. Bacchus et un petit Satyre, statue. Grav. *Inconnu.* — L'Ignorance vaincue. Grav. *Inconnu.* — Figure d'étude. Grav. *Inconnu.*

PL. LXIV. Les trois Parques. Tableau du Musée Napoléon. *Inédit.*

PL. LXV. [Etude. Grav. *Inconnu.* — Prométhée. Grav. *Cherubini Alberti.* — Etude. Grav. *Inconnu.*

PL. LXVI. Prométhée. Grav. *G. J. Rossi; Ant. Lafrery.*

PL. LXVII. Mort de Méléagre. Grav. *Ant. Salamanca.*

PL. LXVIII. La Gloire militaire, sculpture. Grav. *Gabburini.* — Hercule vainqueur, sculpture. Grav. sous divers points de vue par *L. Kil.* — Proserpine, Grav. *Inconnu.*

PL. LXIX. Leda. Grav. *Inconnu.* — Autre avec quelques changemens. Grav. *Inconnu.* — Vénus et l'Amour. Grav. *Inconnu.*

PL. LXX. L'Enlèvement de Ganymède. Tableau de la galerie Giustiniani. Grav. *Ant. Lafrery; Cavaleriis; Boel.*

TABLE DES PLANCHES.

Sujets divers et Allégories.

PL. LXXI. LE SONGE DE LA VIE HUMAINE. Grav. *G. D. de Rossi.*
Il existe une autre composition semblable, mais avec de grandes différences. Grav. *V. Hoy D. V. Stiern.*

PL. LXXII. DEUX FEMMES AU BAIN. Grav. *Inconnu.*

PL. LXXIII. LES GRIMPEURS. Faisant partie du carton du tableau du siège de Pavie. Grav. *Inconnu.*

PL. LXXIV. LES GRIMPEURS. * Faisant partie du même carton. Grav. *A. V.* 1524.

PL. LXXV. LE COMTE UGOLIN ET SES ENFANS. Bas-relief. Grav. *Inconnu.*

PL. LXXVI. LES TIREURS D'ARC. Grav. *Inconnu.*

PL. LXXVII. DEUX ESCLAVES. Statues du Musée des Petits-Augustins de Paris. *Inédits.*

PL. LXXVIII. MICHEL-ANGE DANS UN CHARRIOT D'ENFANT. Grav. *Ant. Salamanca.* — MOYSE, statue. Grav. *Maethan.*

PL. LXXIX. DEUX ETUDES POUR LE TOMBEAU DES MÉDICIS. Grav. *Inconnu.*

PL. LXXX. FIGURES DU TOMBEAU DES MÉDICIS. Grav. *Inconnu.*

PL. LXXXI. ETUDES. Grav. *Inconnu.*

PL. LXXXII. ALLÉGORIE SUR LES DOULEURS CAUSÉES PAR L'AMOUR. Grav. *Inconnu.*

PL. LXXXIII. ALLÉGORIES SUR LA BRIÉVETÉ DE LA VIE. Grav. *Inconnu.*

Fin de la Table de l'Œuvre de Michel-Ange.

VIES ET OEUVRES

DES

PEINTRES LES PLUS CÉLÈBRES.

VIES ET OEUVRES

DES

PEINTRES LES PLUS CÉLÈBRES

DE TOUTES LES ÉCOLES;

RECUEIL CLASSIQUE,

CONTENANT

L'ŒUVRE complète des Peintres du premier rang, et leurs Portraits; les principales Productions des Artistes de 2e et 3e classes; un Abrégé de la Vie des Peintres Grecs, et un choix des plus belles Peintures antiques;

RÉDUIT ET GRAVÉ AU TRAIT,

D'APRÈS les Estampes de la Bibliothèque nationale et des plus riches Collections particulières;

PUBLIÉ PAR C. P. LANDON, Peintre, ancien Pensionnaire du Gouvernement à l'École Française des Beaux-Arts à Rome, Membre de plusieurs Sociétés Littéraires, Éditeur des Annales du Musée.

A PARIS,

Chez C. P. LANDON, rue de l'Université, N° 19, vis-à-vis la rue de Beaune.

IMPRIMERIE DE CHAIGNIEAU AÎNÉ.

1809.

ÉCOLE FLORENTINE.

VIE
ET OEUVRE COMPLÈTE
DE
DANIEL RICCIARELLI,
DIT
DANIEL DE VOLTERRE.

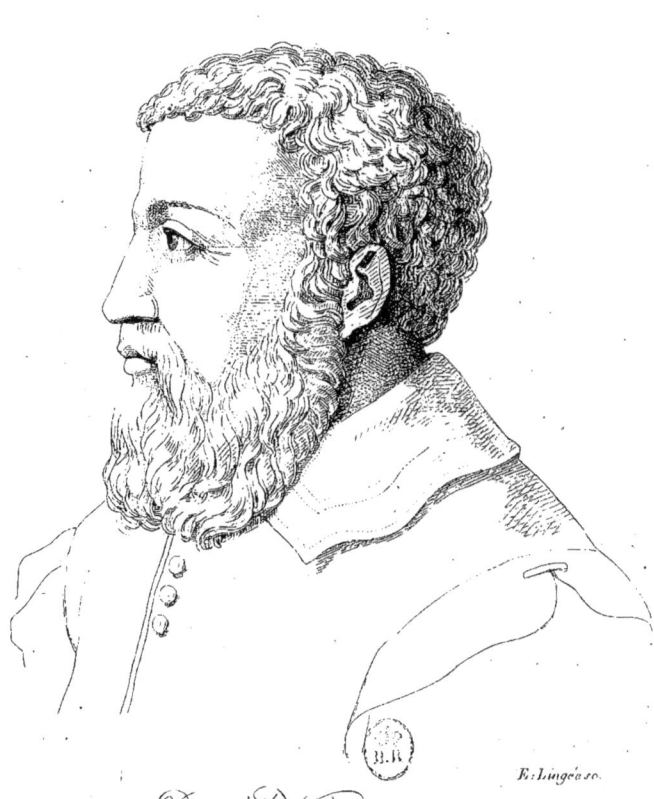

Daniel de Volterre

VIE

DE

DANIEL DE VOLTERRE.

DANIEL RICCIARELLI, plus connu sous le nom de Daniel de Volterre, naquit dans cette ville, l'an 1509. Le maître qui lui enseigna les premiers élémens du dessin fut Antonio da Vercelli, peintre assez médiocre. Daniel de Volterre parut d'abord n'avoir que fort peu de dispositions pour les arts; mais étant entré dans l'école de Balthasar Peruzzi, de Sienne, peu à peu ses talens se développèrent. Il eut ensuite l'avantage de connaître Michel-Ange et d'acquérir son amitié; alors les plus grandes difficultés cessèrent pour lui d'être insurmontables, et s'il ne produisit jamais rien qu'à force de temps et de travail, du moins exécuta-t-il, outre plusieurs ouvrages très-dignes d'éloges, un chef-d'œuvre qui assure à son nom l'immortalité.

Il était retourné dans sa ville natale, lorsque, n'y trouvant aucune occasion de se faire connaître, il prit le parti de se rendre à Rome, où il portait *un Christ à la colonne*, sans doute exécuté avec un soin extrême, puisque son avenir allait en quelque sorte dépendre du jugement que l'on porterait de ce tableau. A cette époque, les papes, les princes et les seigneurs italiens étaient dans l'usage d'acheter et de payer, presque toujours avec libéralité, les ouvrages des jeunes artistes qui annonçaient du talent. Ils contractaient de plus, assez souvent, l'honorable obligation de les protéger et de leur procurer les moyens de s'illustrer. Daniel de Volterre trouva un bienfaiteur généreux dans le cardinal Trivulci, qui, après lui avoir payé le prix de son tableau, le chargea de peindre dans sa *villa l'histoire de Phaëton*. Les grandes compositions de ce genre, qui sont de véritables poëmes en peinture, faisaient alors acquérir, en peu de temps, aux artistes vraiment habiles, une réputation qu'ils n'eussent peut-être obtenue qu'après un grand nombre d'années par des tableaux de chevalet. Quand Daniel de Volterre eut achevé avec succès le travail qui lui avait été demandé, il fut compté au nombre des bons peintres qu'alors Rome possédait.

Raphaël venait à la vérité de terminer sa carrière si courte et si glorieuse; mais cet immortel génie se survivait en quelque sorte dans plusieurs élèves, tous pénétrés de ses principes, et qui, s'il eût été possible, auraient consolé les arts de sa perte. Perrin del Vaga, l'un des plus célèbres d'entr'eux, obtenait presque tous les travaux considérables, et souvent il était obligé de se faire aider par des artistes qu'il choisissait avec autant de goût que d'attention. Il confia les peintures d'une chapelle à Daniel de Volterre, dans cette même église de la Trinité-du-Mont, où celui-ci allait bientôt exécuter une des plus étonnantes productions de l'art.

Quand il eut terminé les ouvrages qu'il devait à l'estime de Perrin del Vaga, la princesse des Ursins conçut, fort heureusement pour lui et pour la peinture, l'idée de lui faire peindre une chapelle de la même église. Elle lui en désigna les sujets, qui tous avaient un rapport direct à la Croix de Jésus-Christ.

Quoique la Fresque soit un genre expéditif, Daniel de Volterre fit de si longues études pour ces tableaux, et il travaillait d'ailleurs avec si peu de facilité, qu'il ne les eût pas terminés en moins de sept ans.

L'histoire des arts nous apprend que plus d'un homme célèbre s'est quelquefois tellement élevé au-dessus de lui-même dans un ouvrage ou deux, que la postérité regarde presque tous les autres comme non-avenus. Il en est à-peu-près ainsi de Daniel de Volterre. Quand on prononce son nom, aussitôt on songe à sa *Descente de Croix* de la Trinité-du-Mont; et l'on ne songe guères qu'à elle seule. Mais aussi ce chef-d'œuvre est une des plus admirables productions dont la peinture puisse être fière. On sait que Poussin, invité à indiquer les trois tableaux d'autel qui, dans Rome, lui paraissaient mériter la préférence sur tous les autres, nomma d'abord la *Transfiguration de Raphaël*, puis *la Descente de Croix* de Daniel de Volterre, et ensuite *la Communion de Saint Jérôme*, par le Dominiquin. Ce jugement d'un artiste illustre, et qui avait tant de droits à diriger et fixer l'opinion générale, est devenu, si l'on peut s'exprimer ainsi, un point de foi en peinture.

Comment, en effet, ne l'eût-on pas adopté! L'ordonnance du tableau de Daniel de Volterre réunit la grandeur et la simplicité; rien d'essentiel n'y est omis, et l'on n'y trouve rien de superflu. La douleur profonde, la vénération n'ont jamais été mieux exprimées que dans les figures de ceux qui détachent de la croix, avec un soin si pieux, le corps de leur divin maître. Leurs attitudes contrastent ensemble, mais sans aucune bizarrerie, sans aucune exagération. Pour compléter le pathétique de cette scène admirable, les Saintes Femmes s'efforcent de rendre à la vie la Vierge étendue à terre, et tout à fait évanouie. Quant au goût de dessin, on ne peut s'en former une idée qu'en se persuadant qu'il offre tout le grandiose de la manière de Michel-Ange, tempérée par la plus heureuse union de la pureté antique. C'est ce que l'on a sur-tout lieu d'observer dans le corps du Christ, dont les formes sont si nobles, et qui paraît si complètement privé de vie. Les expressions ont toute la justesse et toute l'énergie possible; et la figure de la Vierge est, sous tous les rapports, une conception sublime.

Il arrive presque toujours à ceux qui vont contempler ce tableau, ce qu'on a déjà eu occasion de remarquer à l'égard du *Moyse* de Michel-Ange. Ils se retirent, n'ayant vu que lui. Cependant, si les tableaux de plus petite proportion dont le peintre l'a environné lui sont très-inférieurs, ils n'en méritent pas moins d'être examinés avec quelque attention. La concurrence les écrase, comme elle en écraserait mille autres, mais on y trouve des têtes expressives, de belles figures, et un grand goût de dessin. D'ailleurs, le choix des sujets a permis au peintre de sortir du cercle, peut-être un peu circonscrit, dans lequel sont renfermées la plupart des compositions sacrées des plus grands maîtres Italiens.

Dans l'un de ces tableaux, *les Juifs travaillent à la croix sur laquelle Jésus doit être attaché.* Trois autres représentent diverses circonstances des recherches que fit sainte Hélène, mère de Constantin, et patrone de la princesse des Ursins, pour trouver cette même croix. Lorsqu'elle y est parvenue, deux miracles ne lui laissent à cet égard aucun doute; d'abord, *un Malade est guéri en touchant la croix ;* ensuite, *un Mort que l'on avait inutilement placé sur les croix des deux larrons, retirées de terre avec celle du Christ, ressuscite aussitôt qu'on l'étend sur celle-ci.*

Un autre tableau représente *l'empereur Héraclius, qui, couvert d'un vêtement très-simple et suivi d'une foule de fidèles, entre dans Jérusalem en portant la Sainte Croix sur ses épaules.* Ce bois précieux avait été enlevé de la ville par le roi de Perse, Chosroes, et transporté dans les états de ce prince; mais son fils la rendit à Héraclius lorsque, l'an 628, il fit la paix avec lui (1). Tels sont les faits consacrés par l'histoire

---

(1) Cet événement a été célébré dans un poëme peu connu hors de l'Italie; mais dont les compatriotes de Bracciolino dell'Api, qui en est l'auteur, savent apprécier le mérite. Il est intitulé : *La Croce riacquistata. La Croix recouvrée, ou reconquise.*

ou par d'antiques traditions, que Daniel de Volterre a représentés, et dû représenter sans entrer dans l'examen de leur authenticité plus ou moins reconnue.

Il peignit encore dans cette chapelle deux belles *Figures de Sybilles*. Il y plaça aussi deux *bas-reliefs en stuc*, pour honorer Michel-Ange et Sébastien del Piombo. L'un d'eux représente le Chef de l'Ecole Florentine un miroir à la main. Quelques biographes ont eu l'inadvertance d'écrire que Daniel de Volterre, dont Michel-Ange s'était en toute circonstance montré l'ami sincère et l'appui, avait voulu exprimer par ce miroir emblématique l'amour-propre de cet homme illustre. C'eût été une singulière façon de lui rendre hommage; mais, par bonheur, cette explication n'est pas moins fausse que maladroite. D'autres auteurs ont mieux rencontré. Selon eux, le Peintre a voulu faire entendre par ce miroir que Michel-Ange se retrouvait, reconnaissait sa manière et son génie dans la *Descente de Croix*. Il est très probable que Daniel de Volterre a eu cette intention, qu'il aurait pu, au reste, exprimer plus clairement; et de plus, il est très-certain que ce chef-d'œuvre eût fait honneur à quelque Peintre que ce fût, sans en excepter Michel-Ange lui-même. Observons néanmoins qu'on ne doit y chercher ni la beauté du coloris ni une savante intelligence du clair-obscur. Il ne tient pas moins à l'école de Michel-Ange par ce qui lui manque et ce dont l'artiste ne s'est pas occupé, que par ses éminentes beautés dans les plus importantes parties de l'art.

La place d'ordonnateur des peintures du vatican étant devenue vacante par la mort de Perrin del Vaga, Daniel de Volterre l'obtint de Paul III, avec la pension que les souverains pontifes y avaient attachée.

Il entreprit ensuite les peintures d'une autre chapelle, vis-à-vis celle de la princesse des Ursins; mais elles furent exécutées, pour la plus grande partie, par ses élèves, sur ses dessins. Il n'en consacra pas moins quatorze années à ce travail; et cette lenteur à opérer déplut tellement à Jules III, successeur de Paul III, qu'il lui ôta sa place et sa pension. Cependant, à la demande de Michel-Ange, toujours empressé de lui être utile, ce pape lui fit décorer de stucs une fontaine à l'extrémité d'un corridor du Belvédère. Au milieu, était la statue antique long-temps connue sous le nom de *Cléopâtre*, et qui, transportée au Musée Napoléon, est aujourd'hui désignée par celui d'*Ariane*.

Daniel de Volterre ayant étudié la sculpture, le pape Paul IV lui demanda un *S. Michel* en marbre, pour le château Saint-Ange, et le cardinal de Montepulciano *les statues de S. Pierre et de S. Paul*; mais son inconcevable lenteur ne lui permit point d'achever ces trois figures. Il fit un voyage à Florence, visita Michel-Ange, et eut l'intention de s'attacher au duc, près duquel Vasari l'introduisit. Ce prince, en acceptant son offre avec plaisir, désira qu'il achevât ce qu'il avait commencé à Rome avant de se fixer près de lui. S'il avait voulu le refuser, il n'aurait pu lui faire une meilleure réponse.

Sous le règne de Paul IV, Daniel de Volterre couvrit de draperies quelques figures du *Jugement dernier*. A ce moyen, la muraille sur laquelle cette fresque est peinte ne fut point recouverte d'un enduit blanc, ainsi que le pape avait eu plusieurs fois l'intention d'en donner l'ordre (1).

Lorsque le roi de France, Henri II, fut tué dans un tournoi, Catherine de Médicis, sa veuve, envoya le maréchal Strozzi à Rome, pour demander à Michel-Ange *la Statue de ce monarque*. Il s'en excusa sur son grand âge, et, selon sa coutume, proposa en sa place Daniel de Volterre qu'il promit d'aider de ses conseils. On arrêta que cette statue serait équestre et en bronze. Daniel de Volterre fondit *le cheval* après quatre années de travaux; mais cette fonte ne réussit qu'à la seconde fois, et son humeur naturellement mélancolique en devint encore plus sombre; de sorte qu'après beaucoup de fatigues et de chagrins, il mourut, en 1566, à 57 ans. Il avait ordonné que l'on plaçât sur son tombeau *la statue de S. Michel* qu'il avait commencée. Michel Alberti et Féliciano da san Vito, ses élèves et en partie ses héritiers, exécutèrent sa volonté. Ils offrirent de fondre la *statue de Henri II*, mais on ne s'en occupa plus. En 1639, le cardinal de Richelieu fit transporter en France le cheval sur lequel on mit la figure de Louis XIII, par Biard fils. Ce monument était dans la place royale, et fut détruit, comme tant d'autres, à une

---

(1) On a vu dans la vie de Michel-Ange qu'Adrien VI avait eu les mêmes scrupules à l'égard des peintures de la voûte.

époque trop fameuse. Le travail du sculpteur français était médiocre, mais on doit regretter le cheval de Daniel de Volterre, qui avait beaucoup de finesse, de mouvement et de légèreté.

A l'exception de Pellegrino Tibaldi, aucun élève de Daniel de Volterre ne s'est acquis une grande réputation.

Il avait fait, pour une église de Volterre, un tableau du *Massacre des Innocens*, que le grand duc Léopold acheta chèrement, et plaça dans la galerie de Florence. Sa famille conserve de lui un autre tableau représentant *le prophéte Elie*.

Il n'est pas certain qu'une *Descente de Croix* très-gâtée, qui était à l'hôpital de la Pitié de Paris, soit de lui; mais le Musée Napoléon possède deux de ses dessins, dont l'un est une *Étude de Femme* pour la fameuse *Descente de Croix*. On y admire de plus deux tableaux exécutés sur les deux côtés d'une espèce d'ardoise, dite pierre de Lavagne. L'un et l'autre représentent *David et Goliath*. On les a crus long-temps de Michel-Ange; et leur grand style, la correction et la pureté de leur dessin devaient accréditer cette erreur, si honorable pour Daniel de Volterre.

F I N.

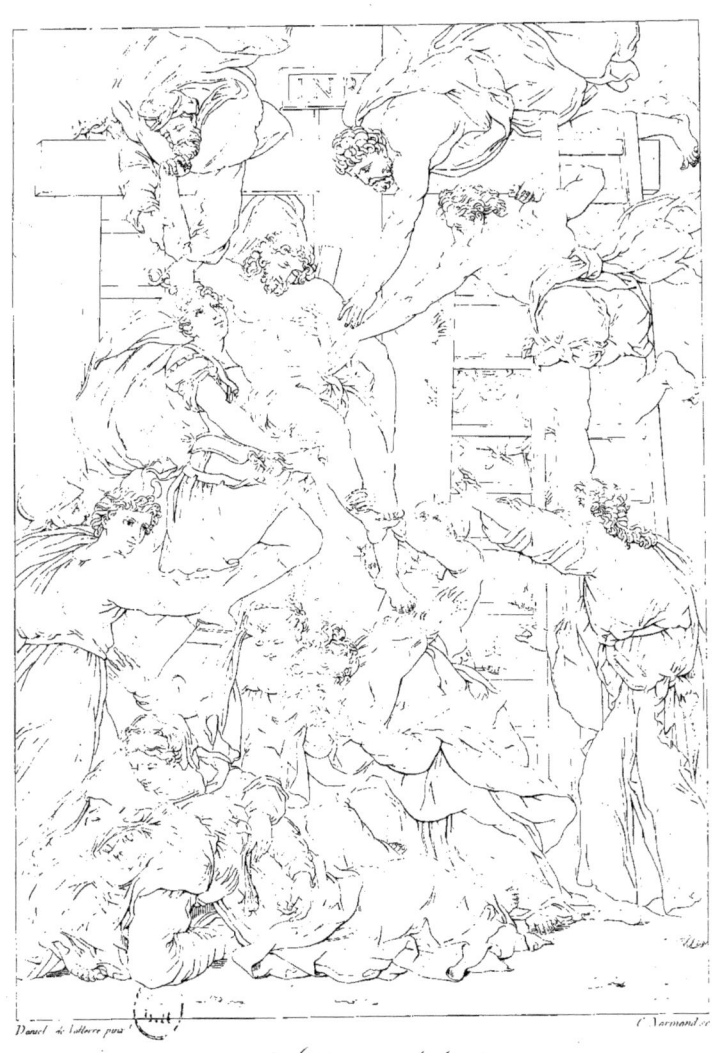

La Descente de Croix

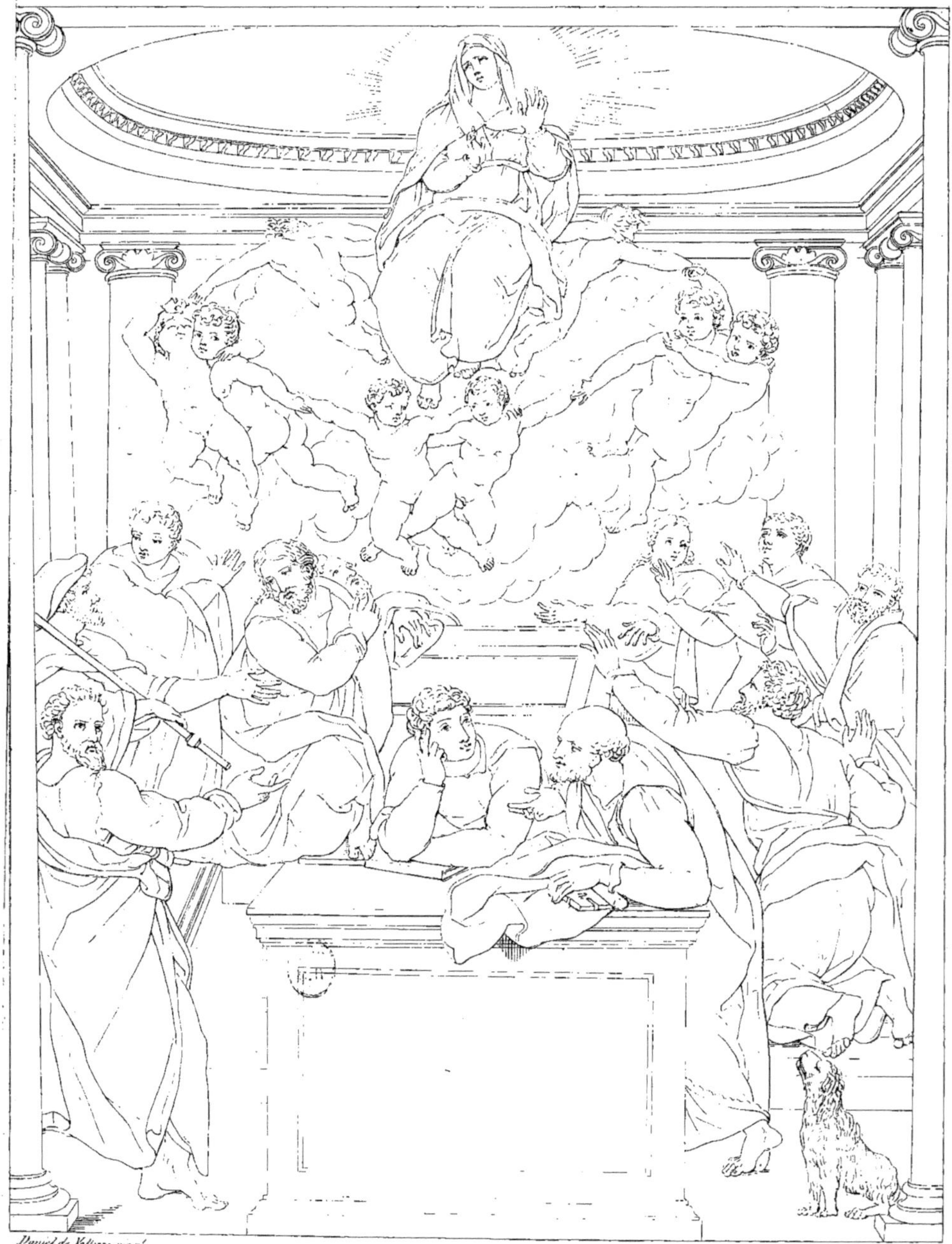

L'Assomption.

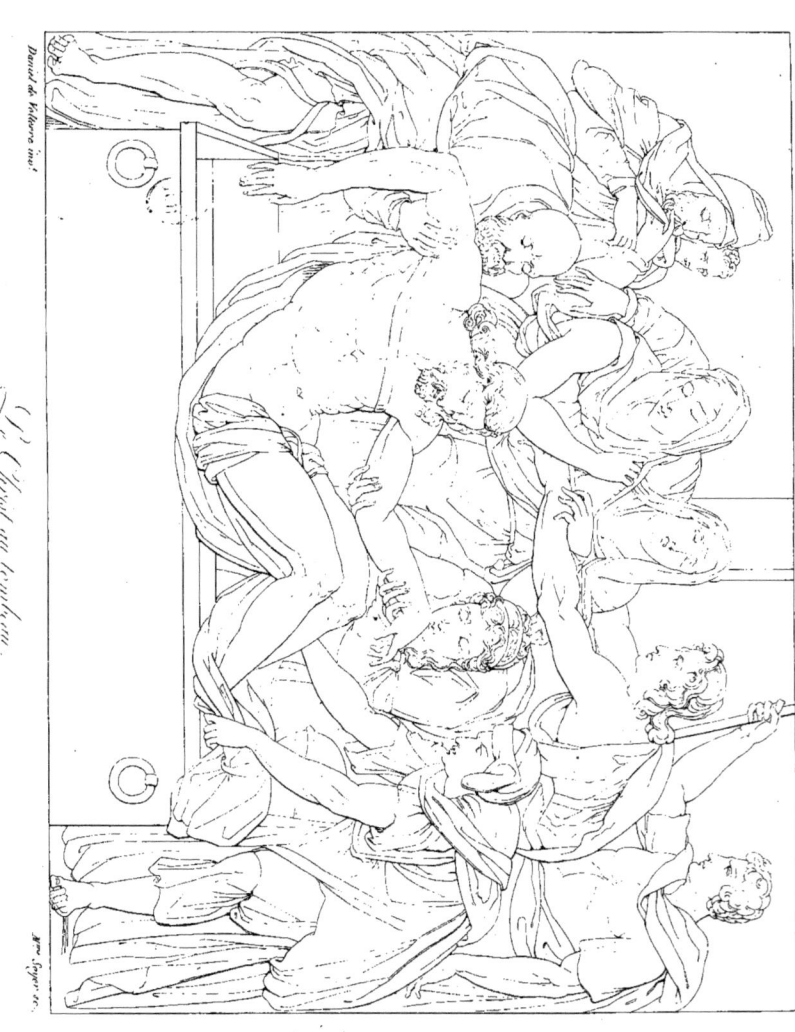

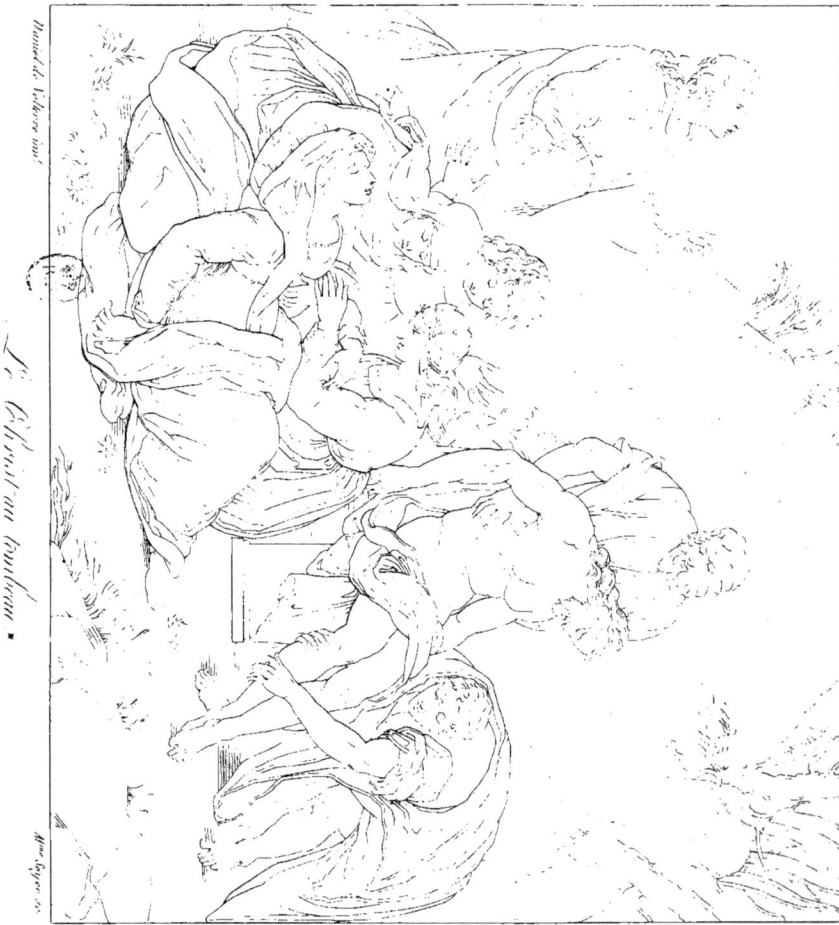

Le Christ au tombeau

Daniel des Villiers pinx.

N.on Ponce sculp.

David et Goliath.

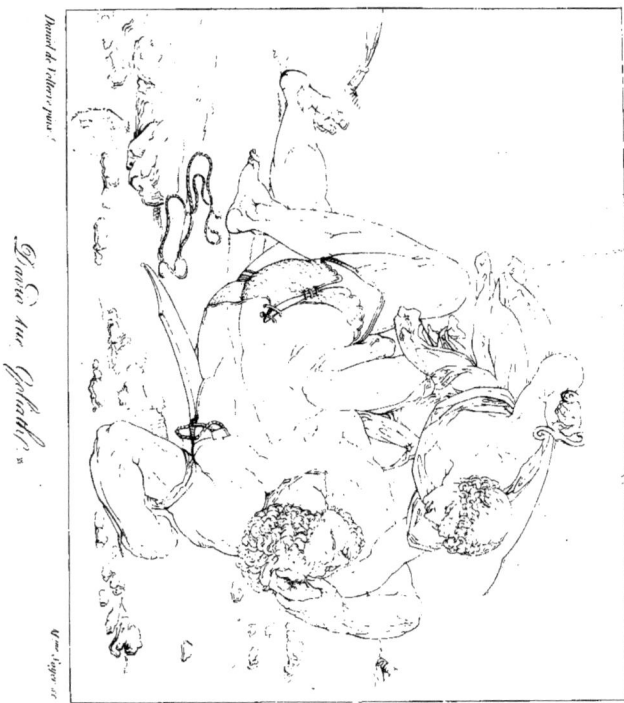

TABLE

DES PLANCHES DE L'ŒUVRE

DE DANIEL DE VOLTERRE.

PLANCHE Ire. PORTRAIT DE DANIEL DE VOLTERRE. Graveur *Baron*.

PL. II. LA DESCENTE DE CROIX. Peint à fresque dans l'église de la Trinité du Mont, à Rome. Gravé par *J. B. Cavaleriis*, habile graveur, contemporain de Daniel de Volterre.

PL. III. L'ASSOMPTION. Grav. *J. B. Canaleris.*

PL. IV. LE CHRIST AU TOMBEAU. Bas-relief du Musée des monumens français. *Inédit.*

PL. V. LE CHRIST AU TOMBEAU *. D'après un dessin du cabinet de M. Praun de Nuremberg. Grav. *Prestel.*

PL. VI. DAVID TUE GOLIATH. Ce tableau et le suivant sont peints dos à dos sur une même ardoise. Ils font partie du Musée Napoléon. Grav. *B. Audran.*

PL. VII. DAVID TUE GOLIATH. * Grav. *B. Audran.*

Fin de la Table de l'Œuvre de Daniel de Volterre.

ÉCOLE FLORENTINE.

VIE

ET OEUVRE COMPLÈTE

DE

BACCIO BANDINELLI.

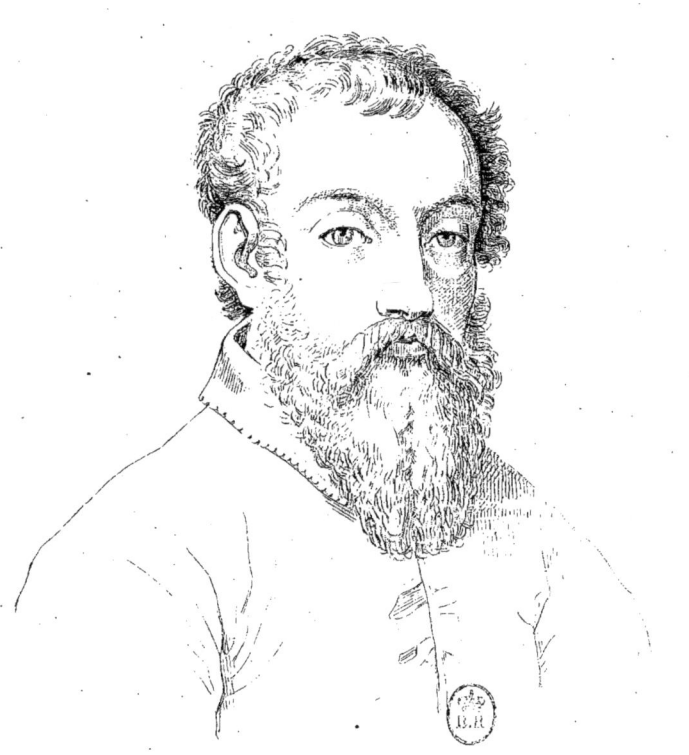

Baccio Bandinelli.

VIE

DE

BACCIO BANDINELLI.

Le nom de baptême de ce sculpteur était Barthelemi, dont le diminutif italien Baccio se joint souvent à son nom propre. Il naquit à Florence en 1487. Le dessin était alors cultivé dans cette ville avec autant d'assiduité que de succès ; et quoique le père de Bandinelli n'eût intention que de lui faire embrasser la profession d'orfèvre, qu'il exerçait lui-même, le jeune artiste ne tarda pas à devenir habile dessinateur. Alors, manifestant pour la sculpture un penchant auquel il lui fut permis de se livrer, il entra dans l'école de Jean-François Rustici, sculpteur estimé et ami de Léonard de Vinci. Il se fortifia dans son art, en étudiant tout à la fois la nature et les productions de son maître, ainsi que celles de Donato, dit le Donatello, et d'André Verrochio. Un jour d'hiver, il modela avec de la neige une statue colossale couchée, de la grandeur de huit brasses, et les connaisseurs admirèrent les proportions de cette production fugitive,

De petits modèles qu'il fit chez Rustici lui valurent aussi des éloges, et, naturellement vain, il se crut dès-lors l'égal des maîtres les plus renommés. Quand le célèbre carton que Michel-Ange fit en concurrence de Léonard de Vinci fut exposé publiquement à Florence, la plupart des artistes qui jouissaient déjà d'une grande réputation crurent qu'ils pourraient encore apprendre beaucoup en le copiant. Bandinelli les imita; et la préférence que son travail obtint sur celui de tous les autres, augmenta la haute opinion qu'il avait déjà de lui-même. Un tort infiniment plus grave, s'il était certain qu'on pût le lui reprocher, serait d'avoir mis en pièces le carton de Michel-Ange, comme on l'a dit dans la vie de ce grand artiste. Au reste, ceux qui crurent Bandinelli coupable d'une action si vile et si affligeante pour les arts, assurèrent qu'il profita, pour la commettre, des troubles de Florence, et qu'au moyen d'une fausse clef, il entra dans le lieu où le carton était précieusement conservé. Ils ajoutent même qu'au milieu des regrets de toute la ville, les plus violens reproches furent adressés à Bandinelli.

Quoi qu'il en soit, le succès qu'il avait eu en copiant Michel-Ange, lui persuada qu'il ne lui serait pas difficile de devenir son émule et même son vainqueur. En conséquence, il se mit à peindre tant à l'huile qu'à fresque; mais bientôt il s'aperçut de l'inutilité de ses efforts. Son coloris était si défectueux que ses tableaux ne purent jamais plaire; car il n'avait pas, comme Michel-Ange, un génie qui pût faire oublier ce qui lui manquait dans cette partie aussi essentielle que séduisante. Il eut du moins le bon esprit de ne pas s'obstiner à exercer un art dans lequel il ne pouvait s'illustrer, et il ne fit qu'un très-petit nombre de tableaux, dont le plus connu représentait *Noé dans l'état d'ivresse.*

Déterminé à tourner de nouveau toutes ses pensées vers la sculpture, il conserva toujours l'espérance de surpasser l'artiste immortel dont il osait se croire le rival. Si sa présomption fut déçue, du moins les efforts que l'émulation, ou, pour mieux dire, la jalousie lui inspira, furent souvent couronnés par le succès, et il mérita d'être considéré comme très-habile dans un pays et à une époque où les arts avaient atteint un haut degré de perfection. Un *Mercure tenant une flûte*, qu'il sculpta vers ce temps, fut acheté par François Ier, comme un morceau de grand prix. Un *Saint-Jérôme*, en cire, qu'il fit pour le cardinal de Médicis, une *Cléopâtre*, et quelques *études* qui furent gravées par Augustin Vénitien, contribuèrent à étendre sa réputation; mais celle de ses productions qu'alors on admira le plus généralement, fut son fameux dessin du *Massacre des Innocens*, que Marc-Antoine grava, et dans lequel il avait sur-tout eu en vue de faire voir sa profonde connaissance de l'anatomie. La première pensée de cet excellent morceau, est aujourd'hui, avec six autres dessins du même artiste, au Musée Napoléon : elle suffirait pour justifier les éloges que ses talens lui ont mérités.

Quand Léon X eut été placé sur le trône pontifical, Baccio Bandinelli se rendit à Rome, et présenta au pontife le modèle d'un groupe de *David et Goliath*. Léon, juge très-éclairé des productions de l'art, l'envoya aussitôt à Lorette, où il avait chargé André Contucci de décorer de statues la chapelle de la Vierge. Contucci ayant reçu ordre de confier à Bandinelli un des bas-reliefs de cette chapelle, celui-ci exécuta le modèle de *la Nativité de la Vierge.* Il critiqua sans ménagement les ouvrages des autres sculpteurs et ceux de Contucci lui-même, qui, par sa qualité de chef de l'entreprise et la confiance dont le pape l'honorait, méritait plus d'égards. Les esprits s'aigrirent tellement, qu'un jour Contucci fut près d'ôter la vie à Bandinelli, qui prit le parti de se retirer d'abord à Ancône, puis à Rome. Léon X, à sa prière, l'envoya travailler à Florence, dans le palais Médicis. Il y sculpta en Marbre *un Orphée adoucissant Cerbère par les sons mélodieux de sa lyre.*

François Ier, ne pouvant posséder les chefs-d'œuvre les plus remarquables de la sculpture antique, désira s'en procurer de bonnes copies; et le cardinal de Médicis voulut savoir de Bandinelli s'il ne pourrait pas exécuter celle du *Laocoon.* Quoique l'on connaisse déjà l'opinion que cet artiste avait de lui-même et des autres, sa réponse n'en sera pas moins capable d'étonner. « Non-seulement, dit-il, « je peux faire un aussi beau groupe, mais j'espère bien « que ma copie surpassera l'ouvrage original. » Après avoir parlé ainsi, il fallait, pour ne pas être accusé du

plus extravagant orgueil, se montrer sculpteur excellent;
c'est ce que fit Bandinelli. D'abord, il modela en cire le
groupe entier, puis en stuc un des enfans, et son travail
fut généralement applaudi; ensuite, il exécuta en marbre
l'aîné des deux enfans; et Léon X, sa cour, ainsi que les
connaisseurs les plus distingués, ne trouvèrent, dit-on,
aucune différence entre la copie et l'original. Ces travaux,
interrompus à la mort de Léon X, furent repris sous
Clément VII, et alors Bandinelli acheva le groupe entier.
Le pape, charmé des beautés d'une copie si parfaite, ne
put consentir à s'en priver. Il fit placer dans le palais de
Florence le *Laocoon* de Baccio Bandinelli, et envoya au
roi de France des statues antiques en remplacement de ce
morceau précieux. Long-temps le témoignage des hommes
les plus éclairés a confirmé les éloges que l'artiste florentin
avait alors reçus de ses contemporains; nous ne pouvons
aujourd'hui apprécier le jugement des uns et des autres,
car, en 1762, cette étonnante copie d'un chef-d'œuvre
fut détruite dans un incendie.

Plus confiant que jamais dans ses forces, et ayant sans
doute raison de l'être, puisqu'il était sorti avec tant de gloire
d'une telle épreuve, Baccio Bandinelli, tandis que Michel-
Ange travaillait aux tombeaux des Médicis, eut assez peu
de délicatesse pour demander qu'on lui accordât un bloc
de marbre, donné autrefois par Léon X à l'artiste dont la
renommée excitait sa jalousie. Son dessein était d'en faire
un groupe d'*Hercule terrassant Cacus*, qui devait être exposé

dans la place de Florence, près d'un *David*, sculpté par Michel-Ange. Il ne put parvenir que dans la suite, à établir cette lutte de talens continue et publique.

Bandinelli avait modelé *un Saint-Michel et les sept Péchés capitaux*, qui devaient être exécutés en bronze, et placés à Rome, sur le pont Saint-Ange, lorsqu'il fit un voyage à Gênes, où il obtint les éloges et les récompenses dont il était si avide. L'Empereur Charles-Quint, à qui on le présenta lors du passage de ce prince en cette ville, le fit chevalier de Saint-Jacques, et lui donna une commanderie de cet ordre. La république, dans l'intention d'honorer son général Doria, chargea Bandinelli de le représenter sous l'emblême de *Neptune*; mais l'exécution de ce projet éprouva des difficultés de la part de l'artiste, et il songea plutôt à terminer son groupe d'*Hercule et de Cacus*. A son tour, il fut alors exposé aux attaques de la malveillance. Michel-Ange, il est vrai, ne s'opposa point à ses vues, mais les nombreux admirateurs de ce grand artiste et les ennemis non moins nombreux que Bandinelli s'était faits, eurent long-temps le crédit d'empêcher que son groupe ne fût mis à la place qu'il lui avait destinée. Il fit intervenir l'autorité du pape; enfin, en 1534, il eut la satisfaction de voir son *Hercule* près du *David* de Michel-Ange; et la beauté de son ouvrage justifia l'audace de ses prétentions.

Sur les plaintes du prince Doria, il fut obligé de retourner à Carrare, où il avait commencé le *Neptune*, afin de le terminer; mais ce travail ne lui plaisait pas, et il y mit de la précipitation. Doria le sut, et envoya secrètement des gens pour s'en assurer. Alors Bandinelli ne garda plus de ménagemens : il revint à Florence, après avoir annoncé qu'il abandonnait tout-à-fait l'exécution de cette statue.

Quelques circonstances vont le montrer sous un aspect encore moins favorable. Il apprend que Clément VII vient de mourir, et que l'on doit placer son tombeau près de l'église dite de *la Minerve*; aussitôt il vole à Rome, et obtient qu'on lui confie l'exécution de ce monument, à l'exclusion d'Alphonse Lombard, sculpteur français, qui en avait été chargé. Peu de temps après, il est informé qu'un autre de ses confrères, Tribolo, est allé, par ordre de Cosme II de Médicis, chercher à Carrare les marbres qu'il doit employer pour ériger un monument funèbre au duc Jean, père de ce prince. Il laisse alors imparfaite l'entreprise qu'il avait désirée, plus par amour de l'argent que dans le désir de s'illustrer, et, cette fois encore, parvient à supplanter un rival. Enfin, Michel-Ange ayant laissé à Florence plusieurs ouvrages ébauchés et une statue presque terminée, Bandinelli, à force d'importunités, les obtient du duc, sous prétexte de les achever; et son premier soin est de faire disparaître les traces du travail de Michel-Ange. Combien un tel fait fortifie l'accusation portée contre lui lors de l'anéantissement du célèbre carton !

Au reste, il s'acquitta fort mal des travaux qu'il avait enlevés à Tribolo. Il choisit une chapelle petite et mal éclairée, ne termina point la statue du duc Jean, et un bas-relief, où il représenta ce prince entouré de prisonniers, parut d'une composition extrêmement froide.

Il présenta ensuite à Cosme de Médicis le projet d'une salle d'audience, où devaient être placées les statues des grands hommes de cette famille; mais après avoir ébauché quelques-unes de ces figures et reçu de fortes avances, il ne termina rien.

Il fut plus heureux et plus actif quand il entreprit le chœur octogone de l'église de Sainte-Marie-des-Fleurs, pour l'exécution duquel il se servit, à la vérité, d'un plan de Brunelleschi. Parmi les figures qu'il plaça près de l'autel, et qui dans la suite furent transportées ailleurs, on remarquait sur-tout celles d'*Adam* et d'*Eve*. Elles sont au rang de ses meilleures productions, quoiqu'on y ait remarqué plusieurs défauts, dont le principal est de n'être pas assez gracieuses.

Bandinelli éprouva enfin que la longanimité de son protecteur pouvait être lassée. Le duc manda de Rome Vasari et Ammanati, pour terminer plusieurs travaux dont il l'avait chargé. L'humeur de Bandinelli n'en devint que plus farouche; cependant, moins sensible à l'affront mérité qu'il venait de recevoir, qu'excité par l'amour du gain, il présenta au duc le modèle d'une statue colossale, qui devait s'élever au milieu d'un superbe bassin dans la grande place de Florence. Ammanati et Benvenuto Cellini demandèrent au duc la permission de concourir avec Bandinelli, et Cosme la leur accorda, dans l'espoir que ce dernier mériterait de recouvrer sa faveur, en montrant combien il était supérieur à ses antagonistes. Mais son orgueil fut blessé à la seule pensée de ce concours; il obtint la permission de se rendre à Carrare, et n'en profita que pour faire scier les marbres, de manière qu'on n'en pût tirer aucune statue d'une certaine grandeur. La duchesse parvint à le préserver du juste ressentiment de Cosme de Médicis, mais la honte d'une action si méchante n'en doit pas moins peser sur la mémoire de Bandinelli.

Cette princesse lui ayant obtenu une chapelle pour sa sépulture, il y fit transporter le corps de son père, en 1659; mais la fatigue qu'alors il éprouva le fit mourir, après une courte maladie, à l'âge de 72 ans. Comme il avait su que Michel-Ange travaillait à un groupe pour son propre tombeau, il venait de faire placer dans sa chapelle *un Christ descendu de la croix et soutenu par Nicodème*, groupe autrefois laissé imparfait par son fils naturel, appelé Clément, et mort dans un âge peu avancé.

Le caractère de Baccio Bandinelli ne permit pas toujours que ses contemporains rendissent une justice complète à ses talens; mais la postérité reconnaît que, sans être l'égal de Michel-Ange, comme sa vanité le lui persuadait, il est du moins un des sculpteurs qui ont le mieux saisi sa manière fière et savante.

Le Musée Napoléon possède un très-beau portrait de Baccio Bandinelli, peint dans sa jeunesse par Sébastien del Piombo.

F I N.

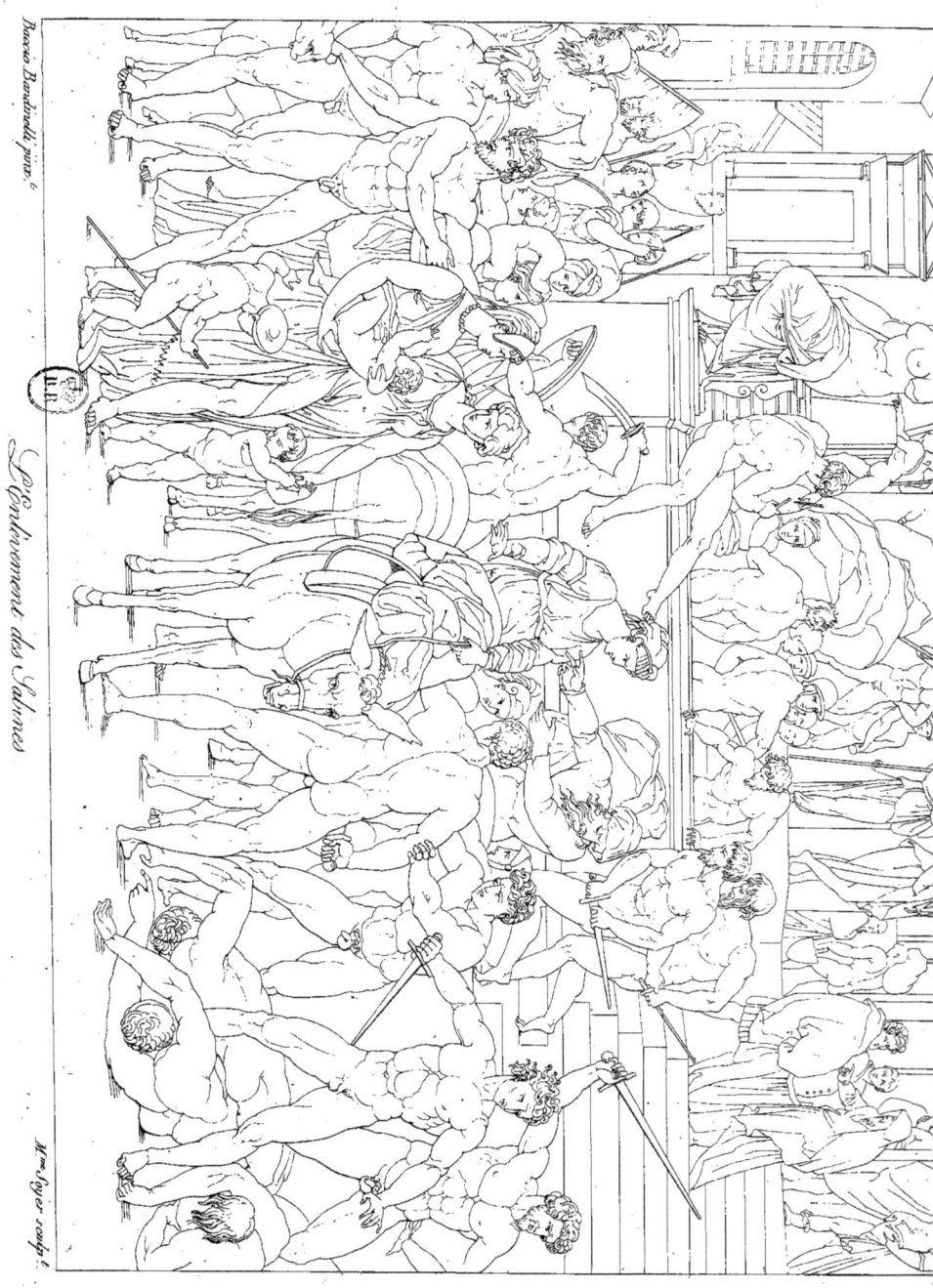

Baccio Bandinelli pinx.t L'Enlèvement des Sabines M.me Soyer sculp.t

Baccio Bandinelli pinx.

La Guerre des Dieux.

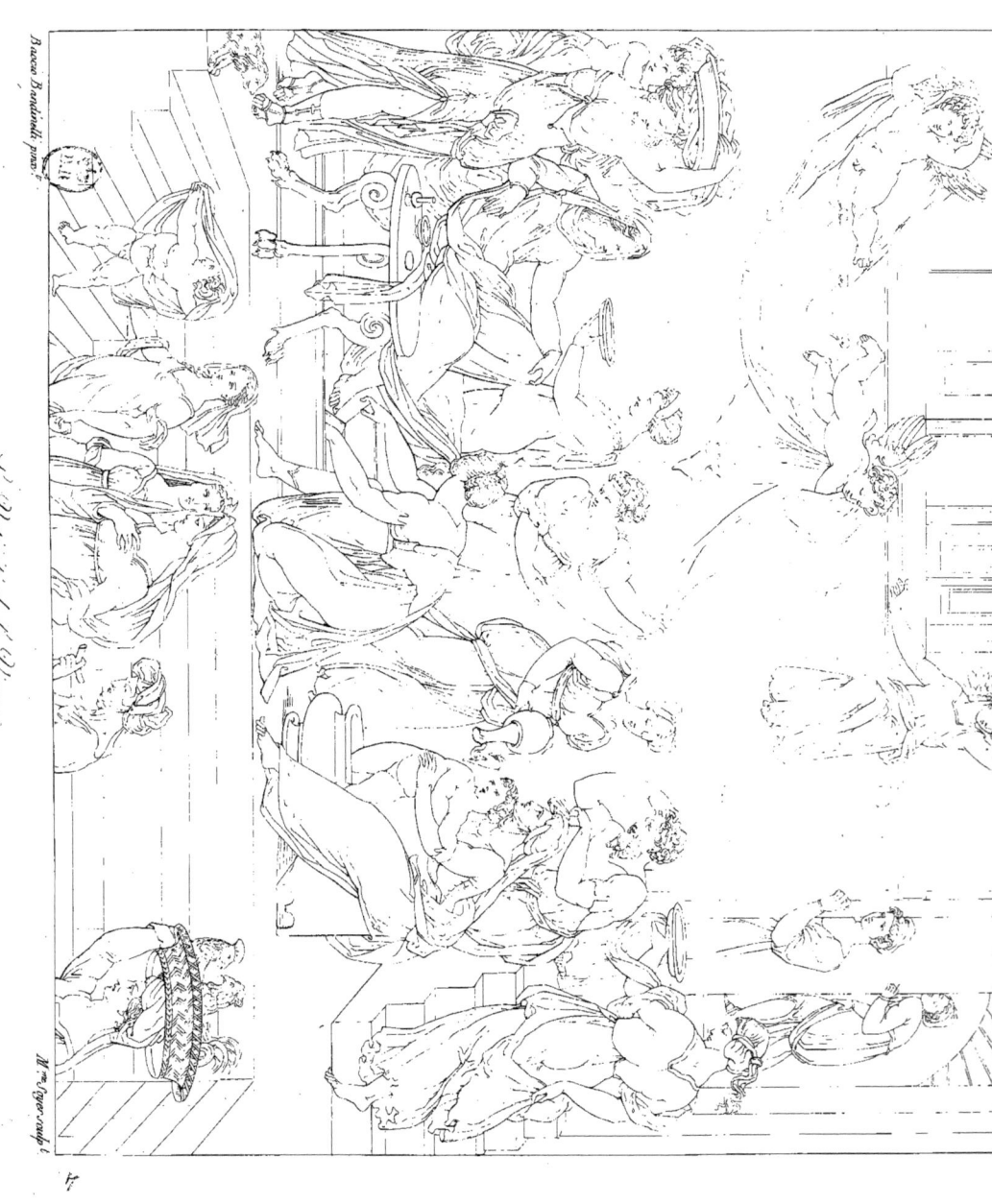

Baccio Bandinelli pinx.
Mme Soyer sculp.^t

La Nativité de la Vierge.

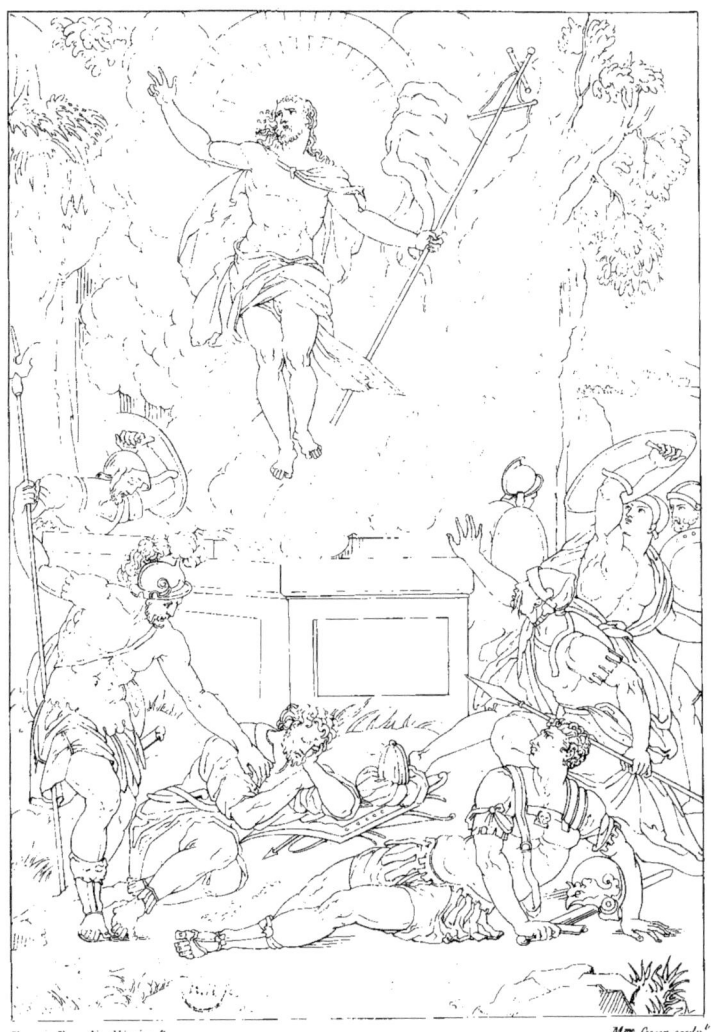

Baccio Bandinelli pinx.t M.me Soyer sculp.t

L'Ascension.

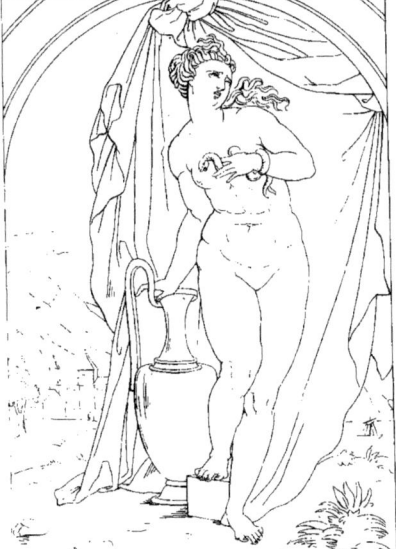

Cléopâtre.

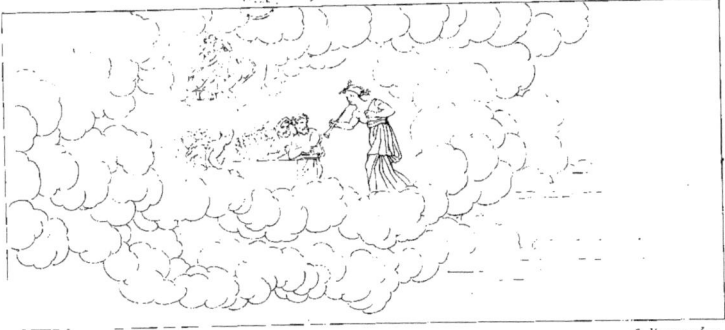

Baccio Bandinelli pinx.t   C. Normand sc.

Allégorie.

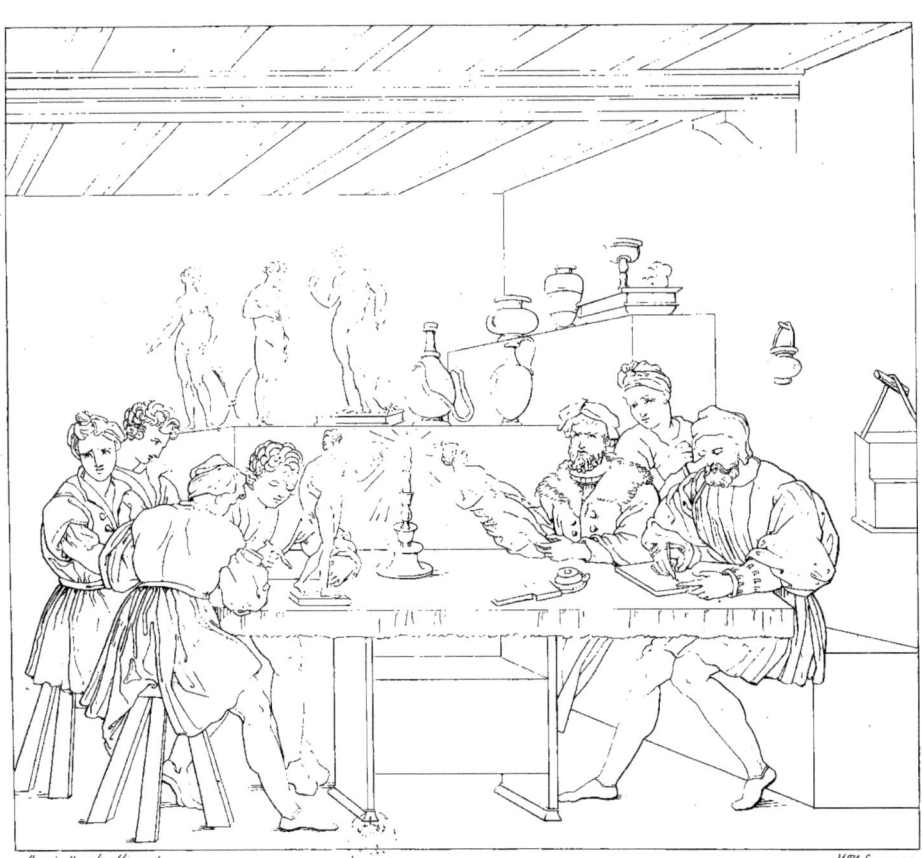

Vue de l'Atelier de Baccio Bandinelli

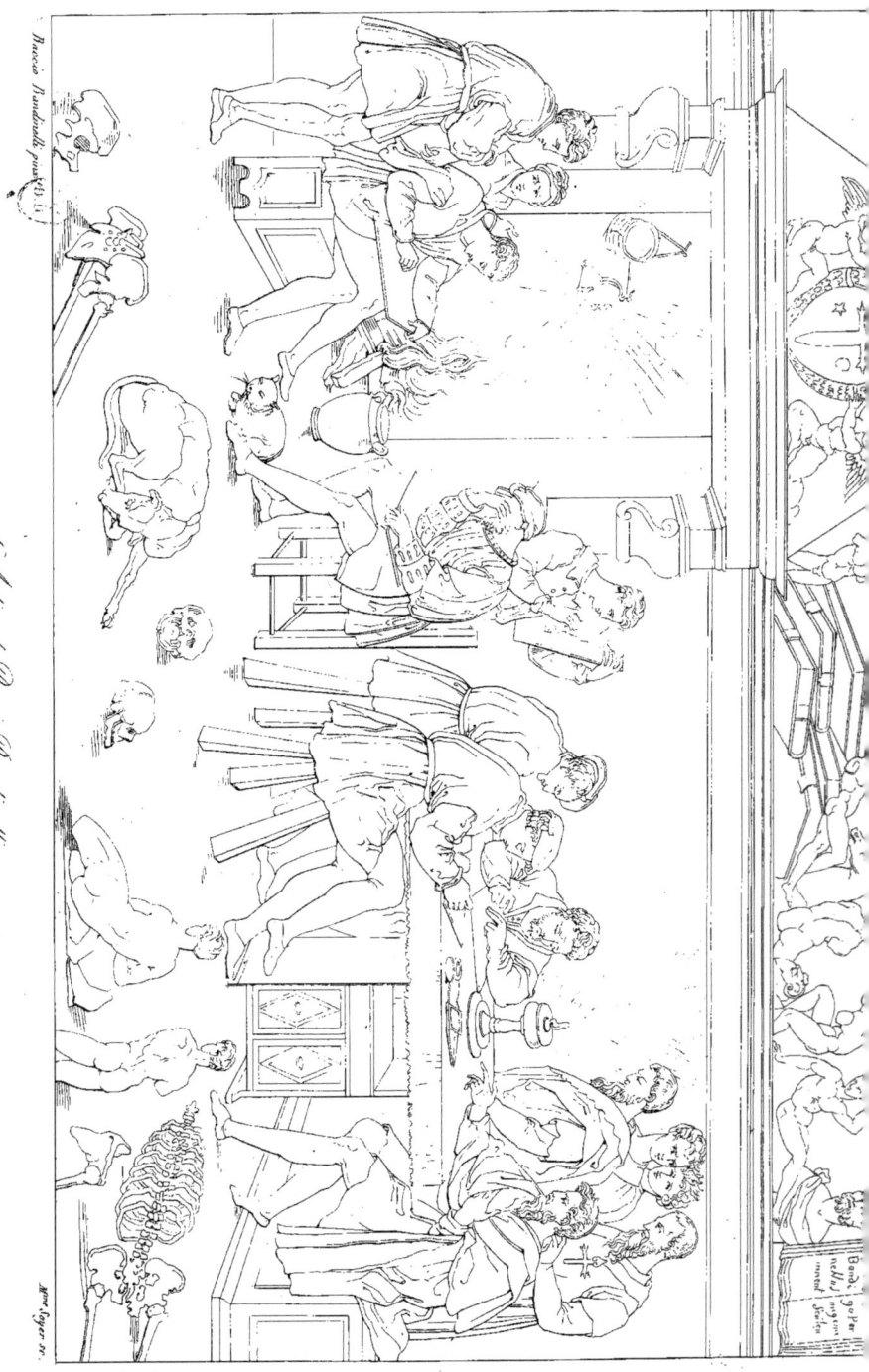

Atelier de Baccio Bandinelli.

TABLE

DES PLANCHES DE L'ŒUVRE

DE BACCIO BANDINELLI.

PLANCHE Ire. PORTRAIT DE BACCIO BANDINELLI. Graveurs *N. D. Lacase*; chez *Odieuvre*.

PL. II. L'ENLÈVEMENT DES SABINES. Grav. *Ant. Salamanca.*

PL. III. LA GUERRE DES DIEUX. Grav. *Ant. Salamanca.*

PL. IV. LA NATIVITÉ DE LA VIERGE. Grav. *Ant. Salamanca; N. B. Lotharingus.*

PL. V. LE MASSACRE DES INNOCENS. Grav. *inconnu.*

PL. VI. L'ASCENSION. Grav. *Lucas Bertilli.*

PL. VII. LE MARTYRE DE S. LAURENT. Grav. *Michel Lucchese;* autre à Rome en 1582; autre en bois; autre inconnu.

PL. VIII. CLÉOPATRE. — Allégorie. — Grav. *inconnu.*

PL. IX. VUE DE L'ATELIER DE BACCIO BANDINELLI. Grav. *idem.*

PL. X. VUE DE L'ATELIER DE BACCIO BANDINELLI *. Grav. *Paulus Palumbus.*

Fin de la Table de l'Œuvre de Baccio Bandinelli.

G

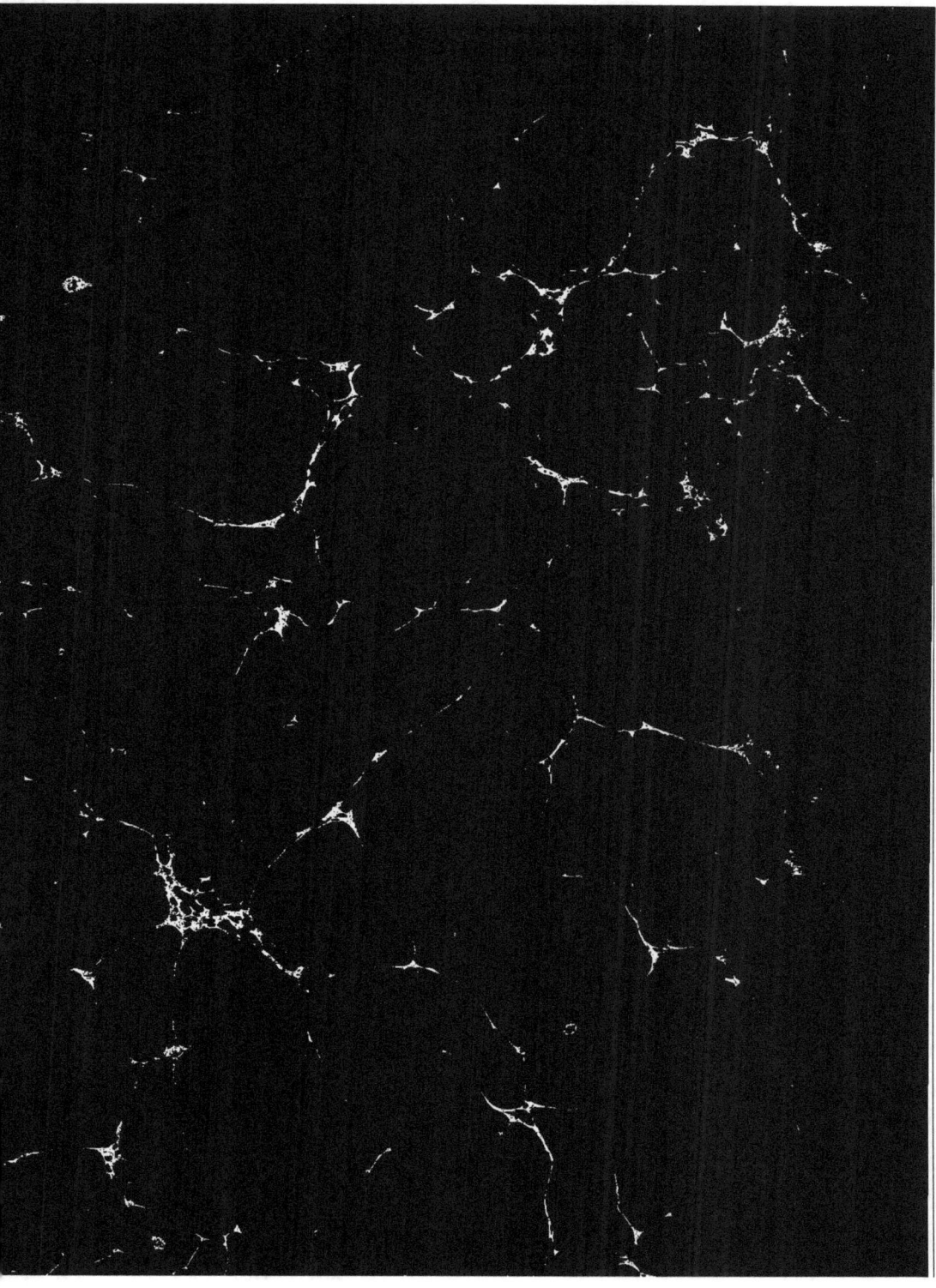

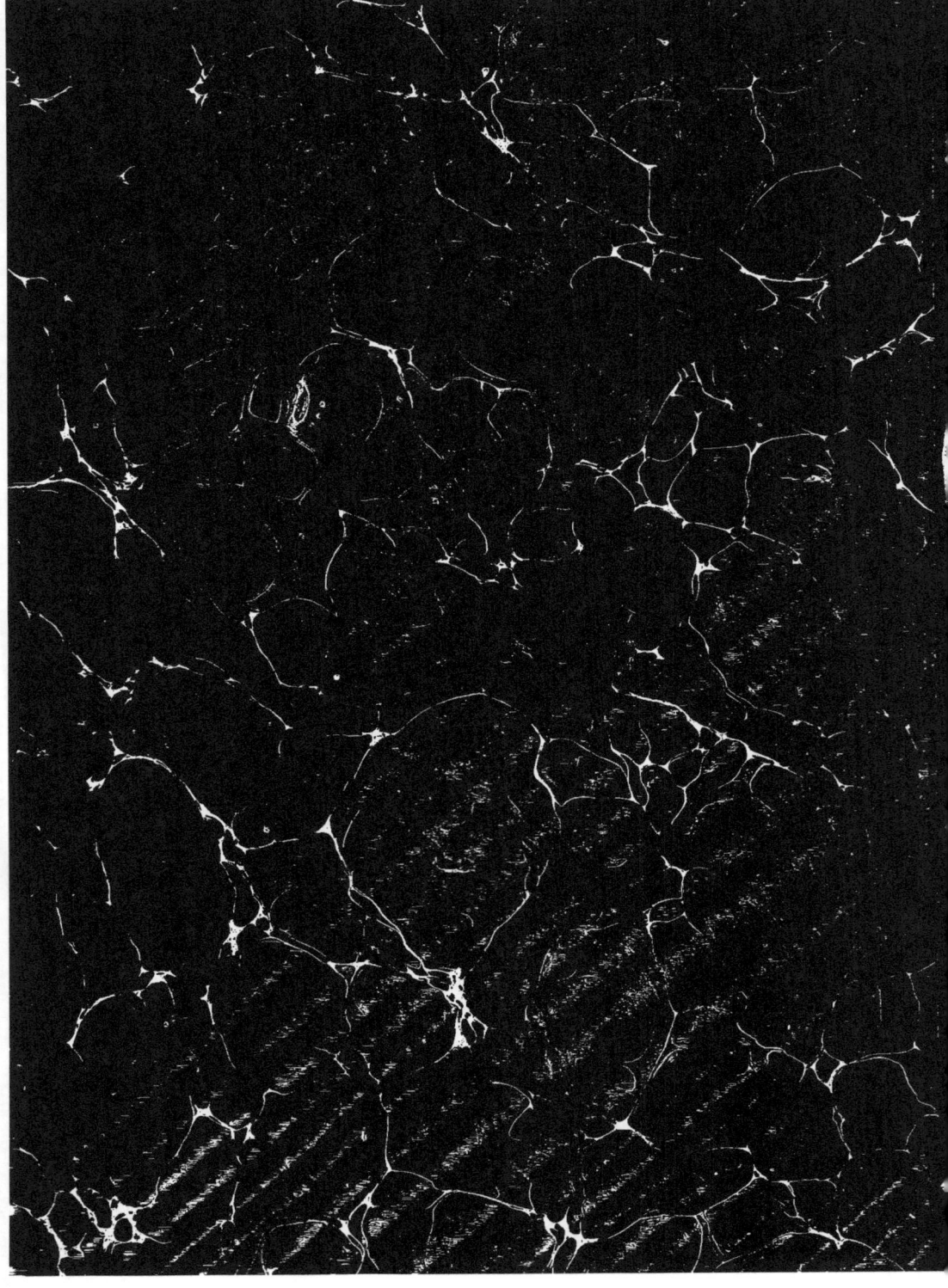

www.ingramcontent.com/pod-product-compliance
Lightning Source LLC
Chambersburg PA
CBHW050158230526
45470CB00001B/143